竹端 寛　鈴木鉄忠　高橋真央

あなたとわたしのフィールドワーク

関係性の変容から始まる旅

現代書館

はじめに
――「あなたとわたしのフィールドワーク」の旅へようこそ！

鈴木鉄忠

「あなたとわたしのフィールドワーク」ってどういうことだろう？　本の題目を不思議に感じた人は多いかもしれません。普通の理解だと、「あなた」は情報提供者（インフォーマント）で「わたし」はフィールドワーカーです。前者が調べられる側で、後者が調べる側であり、この関係は基本的には変わらないとされます。しかし、実際の現場では、双方の立場が入れ替わったり、相互の関係が変化することが往々にして起こります。なぜならフィールドにいる「あなた」は、「わたし」の予想を超える存在として立ち現れるからです。そうした「あなた」は、現場にあるモノやにおいのような人間以外の存在かもしれません。フィールドで出会う「あなた」の存在を真剣に受け止めることによって、「わたし」の存在が揺らいでいきます。この本では、ひとりの人間としての「わたし」に変化をもたらす「あなた」との学びの過程を広く「フィールドワーク」と捉えることを提案しています。そこから見えてくる学びの新たな地平を等身大で描こうというのがこの本のねらいです。

ここで文化人類学者のティム・インゴルドの議論が参考になります。インゴルドは、フィールドでの参与観察法は民族誌という学問成果の手段である、という従来のフィールドワークの理解に異を唱えました。参与観察法が手段で民族誌が目的なのではなく、それぞれが別の目的をもつ方法であると主張しました。つまり、民族誌が異文化フィールドの「他者について知る方法」であり、その目的が「資料の「記録（ドキュメンタリー）」にある」のに対して、参与観察法は「他者とともに学ぶ方法」であり、その目的は「生成変化」にあるとしたのです（ティム・インゴルド著、奥野克巳・宮崎幸子訳『人類学とは何か』亜紀書房、二〇二〇年）。

インゴルドのいう「他者とともに学ぶ方法」としての参与観察法は、この本の「フィールドワーク」の理解に近いものです。この本の三人の書き手は、データの収集方法としてではなく、フィールドの「あなた」と共に学ぶ方法を身につけながら、「わたし」が「生成変化」する過程を描きたいと思いました。三人はそれぞれ福祉社会学、地域コミュニティ、国際協力というように、普段は異なる分野で調査や研究をしています。ただしフィールドの「あなた」から学ぶという過程には、領域を横断した大事な共通点があるのではないかと考えるようになりました。それを一言でいえば、「あなた」と「わたし」の間で起こる「生成変化」になります。それゆえに本書全体を貫くテーマは「あなたとわたしのフィールドワーク」であり、私たちが読者のみなさんを招待したいのは「関係性の変容から始まる旅」なのです。

この本の旅の行程をご案内します。第1部の「あなたとわたしの相互変容」は、大学での教育場面がフィールドです。ここでの「あなた」は学生で、「わたし」は教員になります。通常の教員―学生の関係は、教える―教えられるという役割と立場の違いが明確にあります。しかし学生と接する場面を「他者とともに学ぶ」フィールドと捉えるならば、教室であれ、課外学習で訪れた国内外の現場であれ、学生と教員の双方に「生成変化」が起こり得ることを伝えます。

第2部は、「他者とともに学ぶ方法」としてのフィールドワークをどう体で覚えていったのかを描きます。「体で」と書きましたが、文字通り「頭で」勉強したというより、フィールドで出会った「あなた」から全身で学び、生きる方法を見つけるために変化する過程です。その意味では「実存のフィールドワーク」といわざるを得ないものになります。

第3部の「他者と出会い、共に変わる」は、自分の価値観では理解できない「あなた」にどう向き合うかを考えます。想定を超えた相手や状況に接したとき、それを見ないことにして自分を守るか、もしくは勇気をもって対話するかが問われます。後者の選択には、時にほろ苦い失敗や楽しいだけではない大変さが伴います。ですが同時に、自分の当たり前を脇に置き、「いま・ここ」に焦点を合わせた出会いは、対話的な二者関係や新たなコミュニティが生まれる幕開けになり得るのです。

あなたとわたしのフィールドワーク＊目次

第1部

あなたとわたしの相互変容

〔写真〕イタリアの「水の都」ベネチアのサンタ・ルチーア駅前で夜景を眺める学生たち

01

本物を見た！
――海外フィールド研修における学生と教員の相互変容

鈴木鉄忠

はじめに　双方向のカルチャーショック

イタリア屈指の観光地ベネチアを海外研修の初日に訪れた時のことです。到着したのは深夜でしたが、参加した一〇名の女子学生から「ディズニーシーみたい！」と大歓声が上がりました。それを聞いた私は一人呆然としました。「そんなはずはない！　千年以上の歴史を誇るベネチアをテーマパークが再現できるわけない！」と思ったからです。

しかし学生たちの興奮は止まりません。「ベネチアに到着し、車を降りるとそこはおとぎ話の中のような建物ばかり。私の第一声は「ディズニーシーみたい」。みんな大興奮」「到着したベネチアは本当にディズニーシーのような街並みで、移動にかかった疲れがすぐに吹き飛んでしまった」「ホテルまで歩く道は、まるでディズニーシーのメディテレー

ニアンハーバーと同じ感じで、園内を歩いているようだった」。学生たちの調査記録には
その時の興奮がこのようにつづられています。
「事前学習で何を学んでいたのだろう？　イタリア旅行がしたかっただけなの？」と私
は焦りを感じ始めました。「ツアーコンダクターとしてここまで連れてきたんじゃない！」
と憤りのようなものも正直ありました。

はたして学生は観光目的でイタリアに来たかったのか。事前学習に真剣に取り組んでい
た学生たちの様子を思い出すと、そうではないことも感じていました。もしかすると私の
予想や期待に反して、学生たちはいま・ここで何かをリアルに感じており、何かを学んで
いるのかもしれない。むしろ何がベネチアを「ディズニーシーみたい！」と思わせたのか、
そしてこの第一印象は変わるのかどうか、もし変わるのならば何がそこに働いているのか、
を知りたいと思いました。

この章では、私と学生の間で起こった相互カルチャーショックを掘り下げます。フィー
ルドワークにカルチャーショックはつきものと言われます。ただし一方向ではなく、双方
向の衝撃体験は、私にとって初めてのものでした。「学生がびっくりしていること自体に
私がびっくりする」という奇妙な体験です。それまで私は一人でフィールドワークするか、
大学の先生といっしょに調査をしてきました。この時のように「素人」の学生とフィール
ドワークをするのは初めてでした。私は学生たちの無邪気な一言に仰天して憤慨したので

すが、この体験を振り返ることで、「教える」「学ぶ」とはどういうことかを考え直すきっかけになりました。自分自身が変化する学びの可能性が、学生だけでなく、教員の側にも拓けていくことになったのです。

自信満々の事前学習

まず、イタリアに行く前の事前学習の話をしておきたいと思います。私は「完璧な準備で学生たちをイタリアに連れていく！」と意気込んでいました。肩に力が入るのも無理はありません。担当を任された「海外フィールドワーク」は、この大学の看板授業の一つでした。夏休み期間の一週間程度、海外に連れていくのが授業の最大の「売り」です。春学期は事前学習、秋学期は事後学習になります。毎回の授業から海外への学生引率までを教員が一手に引き受けます。

私は大学で初開講となるイタリア研修を担当することになりました。定員を超える受講希望があり、最終的に一〇名の履修生が決まりました。私は「必ず成功させるぞ！」と意気込んでいました。学生たちは、二週に一度のペースで八〇〇字程度の課題小レポートを作成するという、他の授業に比べればハードな内容をこなしていきました。

事前学習の「隠れたテーマ」としたのが、「自分が変わっていく旅」にすることでした。

そこで二つの工夫を考え出しました。「先入見の意識化」と「壊すための仮説づくり」です。「先入見の意識化」は、ある対象に対して抱く漠然としたイメージをあえて言語化することによって、それを意識化していくプロセスです。イタリアのような世界有数の観光国では、見聞きしたものを紋切り型で解釈してしまう「観光のまなざし」（J．アーリ）が強く作用します。そのため、まずはどのような「色メガネ」をかけてイタリア（人）を見ているのかを知っておく必要があると考えました。

学生たちの先入見は、主に二つに分けられました。まずは「憧れ」です。「街並みがオシャレ」「建物が美しい」「イケメンが多い」「料理がおいしい」など、主にイタリアの景観や文化やイタリア人に向けられた好意的な心象です。もう一つは「違和感」です。イタリア人の人間関係、濃厚な対人コミュニケーション、物の考え方に対する「理解のできなさ」に由来したものでした。

「先入見の意識化」を自分の言葉で理解するために行ったのが「壊すための仮説づくり」です。ここでの仮説とは、フィールドワークで検証するための堅固な仮説ではありません。むしろフィールドで直面するショック体験を通して、「壊して」（あるいは「壊されて」）しまうような「仮置きの説明」です。「覆される仮説」をフィールドワーク前に設定するからこそ、フィールドワークの後に従来のイメージや理解がどのように壊れたのかがかえって明確になると考えました。こうした作業を経て、調査テーマと仮説を決めました。

渡航一週間前に行った直前研修では、現地で詳しいメモを書き残す意義を伝えました。そしてイタリアから帰国後一週間以内に、メモ帳を基にしたフィールドノートを提出するという課題を課しました。私としては自信満々の事前学習を終えて、学生たちといっしょに最初の滞在地ベネチアに到着したのです。

自信喪失の現地訪問「本物を見た！」という体験

「ディズニーシーみたい！」という大歓声が真夜中のベネチアに響き渡ったことは、冒頭に書いた通りです。「憧れ」だったイタリア、唯一無二の水の都ベネチアに初めて降り立った時の学生たちの素直な感想だったと思います。しかし、そのことに私はショックを受けたわけです。なぜなら繰り返し言いますが、ベネチアはディズニーシーなわけがないからです。

私の最大の驚きは、「本物」と「複製」が逆転していることでした。東京ディズニーシーのメディテレーニアンハーバーは、ベネチアをモデルにして設計されたエリアで、ゴンドラ周遊のアトラクションを提供しています。つまりこの空間は、ベネチアというオリジナル（本物）のコピー（複製）です。本来は「本物」がベネチアであり、「複製」がディズニーシーなのですが、学生の第一印象は、「ベネチアがディズニーシーにそっくりだ」というものでした。もはや「本物」と「複製」の正しい関係が成立していないのです。

では何が学生にそう思わせたのでしょうか。帰国後、学生たちに到着した日の第一印象を詳しく書いてほしいとお願いしました。すると次のような記述でした。

東京ディズニーシーのようだと思ったのはまず街並みだ。街並みはれんが造りの茶色い建物が連なっていて、それが電灯に照らされている。そのため、夜のディズニーシーを歩いている時と同じ感じがした。さらに、東京ディズニーシーのヴェネツィアン・ゴンドラの運河とベネチアの運河がとても似ていた。また、これらのことから、本当のベネチアをここまで再現しているディズニーシーはとてもすごいと思った。

私はあまりディズニーシーに行かないため、ディズニーシーが大好きな学生の記録を見て「なるほど」と感心しました。れんが色の建物、運河とゴンドラといったベネチア独自の要素の組み合わせが、学生の眼前に広がるベネチアの景色と一致したようなのです。「ベネチアはディズニーシーみたい」という第一印象が変わらなければどうしよう、と私は焦りました。というのも、そのままでは、教育目的で引率した教員というより、観光客を引率するツアーコンダクターと大して変わらないからです。

ところが学生たちのまなざしは次第に揺らいでいきました。

そのきっかけの一つは、ゴンドラに乗るという体験でした。ゴンドラはベネチア観光の定番メニューです。東京ディズニーシーにもゴンドラのアトラクションがあります。しかし驚いたことに、「ゴンドラもディズニーシーみたい！」と歓声を上げた学生は一人もいなかったのです。

リアルト橋の近くにあるゴンドラに現地ガイドさんが交渉してくださり、念願のゴンドラに乗った。ゴンドリエ〔ゴンドラを漕ぐ職人〕はとてもいい人で、オプション料金が必要なのにもかかわらず、歌を歌ってくれた。とても歌が上手で、ディズニーのヴェネツィアン・ゴンドラとは違うなと感じた。

私はベネチアが大好きでイタリア留学中に何度も訪れたのですが、ゴンドラに乗ったことは一度もありませんでした。「料金が高い」と思い込んでいたので、貧乏な留学生には高嶺の花だったこともありますが、しかしそれ以上に、ベネチアでゴンドラに乗るのは、浅草で外国人観光客が人力車に乗るようなもの。いかにも「おのぼりさん」みたいで嫌だな、という私の先入見があったからです。「もう一人乗っても料金は変わらないみたいなので、先生も乗りましょうよ」という学生の誘いに対して、「妻とも乗ったことがないので、遠慮します」と固辞して、私だけ乗らなかったのです。

しかし次のような学生の生き生きとした感想を読みながら、「乗ればよかった」と後悔し始めました。

ゴンドリエの方は見た目ダンディでかっこいいけど中身はお茶目で私たちにちょっかいを出したりして、虜になってしまうのもわかる気がした。このゴンドラはベネチアの景色を見るにはうってつけで、改めてベネチアの優雅で豪快な建物や細やかで美しい橋には驚かされた。

別の学生は日本との違いを不思議に思っています。

乗っていて気がついたことは、お兄さんが行きかうゴンドラの人とひっきりなしに話していることだ。何を話しているのかイタリア語でわからなかったが、すごく楽しそうに話していた。それが不思議で、〔日本の場合、〕仕事だったら話はしたら怒られるし、話をする暇があるなら、お客さんをもてなしてと言われることもあるからだ。

なぜ「ゴンドラもディズニーシーみたい」と感じた学生は一人もいなかったのでしょうか。なぜゴンドラでは「本物」と「複製」の逆転が起きなかったのでしょうか。ここでは

「独自の記号を見ること」が成立しないほど、想定外の人やモノが学生たちの五感にドッと入り込んできたことがわかります。

たとえばゴンドリエの存在です。むろんベネチアだけでなく、「陽気でおしゃべり好きのゴンドリエ」がディズニーシーにもいます。しかし、後者はマニュアル化されたゴンドリエであり、前者は職人としてのゴンドリエです。カンツォーネ〔歌〕は追加料金が必要なサービスにもかかわらず、ゴンドリエの裁量で歌うことは、ディズニーシーではマニュアル違反でしょう。にもかかわらず歌ってしまうのが「本場」ベネチアのゴンドリエでした。歌のうまさも段違いなのは言うまでもありません。

またマニュアル化されたパフォーマンスではなく、通りすがりのゴンドリエとおしゃべりに興じることも、ディズニーシーならばお客様からクレームがくる事案でしょう。歌、身振り、技術、裁量、即興といったゴンドリエの身のこなしは、ディズニーシーでは二重の意味で再現できないと思います。マニュアルで禁止されている意味で実現不可能であり、ゴンドリエの職人技法は技術的にも再現不可能だからです。

こうした気づきは、その後の日本人の現地サポーターへのインタビューで深まっていきました。

現地サポーターさんによると、ゴンドラが生まれたオリジナルの土地であるベネチ

〔写真〕ベネチアの「本物」のゴンドリエ

アでは現在観光用として使われているが、元は移動手段として使われていたらしい。長くて細いという形状も地形に合わせたものになっていて、橋の下でも通れるようになっている。また、水に触れる面積を少なくすることで水位変動にも対応できるようになっている。

ゴンドラの形状は、「見た目のよさ」で考案されたわけではありません。迷路のような運河移動の必要性によって、そのようなフォルムが選ばれた歴史があります。デザイン性だけではない歴史的な蓄積が、人の乗ったゴンドラに隠されていたことに気づいたのです。単に「かわいい」「きれい」の一言では済まされない歴史の厚みがあることに学生は驚きました。

ゴンドラを降りた後の散策でも、「観光のまなざし」を揺るがすモノが報告されます。

ベネチアは風景がきれいで、やはり歴史があるのを感じることができた。しかし、普通に人間が住んでいるということから、ゴミやたばこ、ペットのおしっこなどもあったということが少し残念だった。「夢の国」は常にきれいにしているが、やはりベネチアは人間が住んでいるということから生活感が出ていた。この生活感もまたベネチアの良さなのではないかと考えた。

ここで報告されているのは、ベネチアの日常生活です。「ゴミやたばこ、ペットのおしっこ」が、観光地ベネチアは「夢の国」ではないという印象を与えます。生物の排泄物や生活の廃棄物は、キャストたちの入念な掃除により、「夢の国」からは除去されるモノたちです。けれども現実の観光現場は「夢の国」ではありません。そこには人が住んでおり、生物と日常の息づかいがあるのです。

偶然のできごとも、「観光のまなざし」に揺らぎをもたらしたようです。ある学生は飛行機で偶然隣りの席になった人との会話を記録しています。

その女性は四十代から五十代くらいの日本人の方で、今回で五回目のイタリア旅行だそうだ。とても素敵で自分の好きなことを好きなように楽しんでいる方だった。ツアーではじめて訪れたイタリアに魅了されて、イタリア語の教室に三年通い、今では少しの会話ならできるということだった。五〇〇円貯金をして一人旅でイタリアへ来るのだとか。特に「本物を見たらディズニーシーなんか行けないよ」という言葉が印象に残り、早く目で見てみたいと感じた。

機内で聞いた「本物を見たらディズニーシーなんか行けないよ」という言葉が印象に残ったとあります。ただしベネチアの第一印象は、多くの学生と同じように「車を降りるとそこはおとぎ話の中のような建物ばかり。私の第一声は「ディズニーシーみたい」。みんな大興奮」でした。ところがベネチアを歩くなかで、「夢の国」から「現実の街」へと視線が移っていきました。

多くの学びがあった自由行動を終え、集合時間になりホテルへ向かう。行きとは少し違う道を通ったことで本当に迷路のようなベネチアを改めて感じた。途中小さな広場に出る。事前学習で学んだ、イタリアは広場と教会がたくさんの街を作り出してきた国というのがなんとなく理解できた。その広場は公園のような場所で、子どもたちがローラースケートで遊んでいたり、父と息子でバスケをしていたり、少し住民の日常を見ることができた。日本の公園で遊ぶような風景とそこまで変わらなくて、ベネチアでは観光と生活の両立が成り立っていることを観察できた。

そして次のような印象を書き記しています。この章の冒頭に載せた写真のシーンです。

切符を買い終えて駅の外へ出てみるとそこには、到着してすぐに見た景色とは違い、夕暮れ時のベネチアを見ることができた。こっちのほうがディズニーシーみたいだったけれど、飛行機で隣になった方の言っていた本場を知った私にとって、深みのあるベネチアは比べ物にならないくらい魅力的に感じた。

「ディズニーシーみたい」という第一印象が少しずつ揺らいでいることがわかります。何がそれをさせたかといえば、職人のゴンドリエであり、視覚に限らない感覚器官からの情報であり、偶然に居合わせた人の話です。こうした人やモノの独特の組み合わせとその言語化が学生たちの「観光のまなざし」に変化をもたらしたようです。さらに、報告には載らなかったけれども、重要な作用を果たした人やモノがあったことも考えられます。学生それぞれの感じ方にも様々な組み合わせがあるでしょう。そしてフィールドノートを書かなければ、このような気づきが意識化されることはなかったのではないかと私は思います。フィールドの前・中・後のモノや人間の作用とそれらの言語化が、「ディズニーシーみたい」という当初のまなざしに変化をもたらしていったと考えられます。

一週間のイタリア滞在を終えて、日本に帰国しました。初日の「ディズニーシーみたい！」発言ですっかり自信喪失した私も、最終日には「自分が変わっていく旅」に確かな手ごたえを感じていました。何より私自身の見方が変わったと感じました。以前とは別の視点で学生を見る自分にうっすら気づいたからです。

私たちは何を学んだのか

帰国後、学生には様々な報告の機会が待っていました。大学の学園祭での報告展示、海外体験の学びを後輩たちに伝えるプレゼンテーション、広報用の動画インタビューの作成の依頼が舞い込みます。そこでわかったのは、フィールドワークでよい気づきがあったとしても、それが報告で披露されるわけではないことです。「イタリアではピザがおいしかったです」「イタリア人はとても親切だった」など、現地に行かなくても「まあそうだろうね」と思う話を学生がするのです。そのたびに、「君たちならもっと深いことが言えるだろうに！」と歯ぎしりをしながら聞いていました。発表後にすぐ指摘しようかと思いましたが、「一生懸命話した後にダメだしされても嫌だろうな」と何度も躊躇しました。

何度かそのようなことが繰り返されたので、こうなる要因を考えてみました。第一に、体験を言語化するには時間がかかること、とりわけ圧倒的に異文化の世界で体験したことを消化するには「待つ」ことが大事だということです。それは学生にとっても教員にとっても同じで、体験と言葉が混じり合うまで待てるかどうかが、試されます。それができないと第二に、成果報告の際には「先生たちが期待していること」を器用な学生は演じてしまうか、「自分が感じたことそのまま」を整理整頓せずに話すか、言語化できないまま「イタリアではピザがおいしかった」の一言で済ませてしまうか、を行いがちであることもわかりました。すらすら言葉にできることと言語化できないことの間に立ち続けながら、自分の腑に落ちる言葉を編み出す忍耐が必要になります。第三に、何もせず待つだけでは体験は風化していくので、その都度振り返る機会を意識的に設けることが大事だと気づきました。

「一皮むける」にはどうしたらよいか。一つは、学生が自分の「好き」をエンジンに学びを深めることが比較的うまくいきました。教員の私の役割は、「これがおもしろい」「これが好き」というテーマを否定せず、学生の興味関心を損なわないようにしながら、学生自身の言葉と他の人に届く言葉の接点を見つけることでした。そこで最終報告書では各自が好きなテーマで自由な形式で書くことにしました。

「報告書を書くためにディズニーシーに行ってみます」と言ったある学生は、小さい頃から東京ディズニーシーが大好きだと公言していました。ベネチアでも開口一番「ディズニーシーみたい！」と目を輝かせていた一人です。帰国した一カ月後、彼女は東京ディズニーシーをフィールドワークすると決めました。帰国後に「私は今までに気づくことのなかったところに気がついた」からだといいます。

「小さい頃から何度も乗ったことがある」という東京ディズニーシーのゴンドラを彼女は念入りに観察しました。するとベネチアのゴンドラと似ているのは、朱色の椅子の色ぐらいでした。さらに本場と比べると約三倍の定員を収容する造りになっており、ベネチアの狭い水路では通れない寸法であることを突き止めました。定番の歌はベネチアでは有料（しかし学生たちはラッキーなことに無料だった）で、本場のベネチアでは何を歌っているかわからなかったそうです。その一方、ディズニーシーではゴンドラの歌は無料であり、歌われるのは『サンタ・ルチーア』といった日本の学校でも習う代表曲でした。ちなみに南イタリア・ナポリの民謡である『サンタ・ルチーア』を北イタリア・ベネチアのゴンドラ職人が歌うのは、地域色の強いイタリアではありそうもないことです（ゴンドラ職人がナポリ出身なら別ですが）。

彼女が最もショックを受けたのは「街並み」でした。そっくりのはずの東京ディズニーシーの街並みをよく見ると、じつは建物の彫刻が凹凸のないカラー印刷でした。これはこれでよくできた装飾技術です。「イタリアに行く前はその壁の彫刻の部分が絵だということに気がつかなかった」と言います。

最終報告書で「ベネチアには普通に人間が住んでいる」という結論にたどり着きました。しかも人間だけではなく、「ゴミやたばこ、ペットのおしっこなどもあった」ので「少し残念だった」けれども、夢の国というより人間の街ベネチアの「生活感」が彼女自身の中に残ったようで、最終報告書の中で自身の変化をこのように言語化したのでした。

授業終了後に学生の変化に驚かされることがあります。しかし授業の期間内に自身の変化を言語化する人は、むしろ少ないほうです。実際は時間のずれを伴いながら、変化を遂げる学生がいます。

授業がすべて終了した後、受講していたある学生から「イタリアにフィールドワークできたおかげで、この大学に来てよかったと初めて思いました。こんなこと言うのもアレですが、高校時代のまわりの子が、いわゆる難関大に進んだなかで、自分が選んだ道をずっと正しいのかどうか悩んでました」という連絡をもらいました。

どの大学にも不本意で入学する学生がいます。私はこの連絡をくれた学生さんが不本意入学だったことを、授業終了後に初めて知りました。「ベネチアは徒歩がメインの移動手段なので、とにかく歩きやすい格好で！」と私が忠告したのに、「いつも履いているので大丈夫です」と超厚底スニーカーで一日二〇キロも（！）歩いた学生でした。ベネチア二日目には「服のチョイスに失敗しました」と落胆していたので、理由を聞くと、ミニスカート姿では肌の露出が多すぎて、サンマルコ寺院への入場を断られたとのことです。帰国後に成果報告会が何度かありましたが、自ら手を挙げるようなタイプではありませんでした。

しかし彼女自身が「自分自身が変わる旅」としてフィールドワークに臨んでいたことを、私はあとになって知りました。

その後に彼女は、私が担当する別の授業を受講してくれました。その一つがインタビュー調査の方法を学ぶ実習形式の授業でした。学生が自分でインタビュー相手を探し、交渉してアポイントメントを取り、録音の許可を得て聞き書きし、音声を文字起こしして分析するというハードな内容の授業です。途中で脱落する人も多いなか、彼女は最後の課題を無事にやり遂げました。

インタビューの授業で彼女は、アルバイト先の飲食店のスタッフを選びました。その方は三人の子どもを育てるシングルマザーで、職場以外でもいっしょに映画を観たりお酒を飲みに行ったりする仲で、彼女にとっては「第二のお母さん」であり「人生の先輩」のような存在だったようです。この方にインタビューしようと決めたのは、彼女自身でした。壮絶な人生の語りを聞き、文字に起こし、報告書にまとめ上げた彼女は、最後の振り返りを次のように書いています。

つまらない人生などないと感じた。私の常識ではありえない、私の匙加減では起こらないというようなことが、よく起きる。私ではできない話ができ、私が体験していないことを確実に経験している。同じ人生などない。そのため、すべてのひとの人生が、本当に面白いと思う。

一年前に「高校時代のまわりの子が、いわゆる難関大に進んだなかで、自分が選んだ道をずっと正しいのかどうか悩んでました」と吐露した同じ学生とは思えないほどの変化に、私は驚きました。不本意入学を跳躍台にして、彼女自身が一歩を踏み出していたのです。「すべてのひとの人生が、本当に面白いと思う」と率直に言えるまでインタビューしたことのない私は、この一言を羨ましく感じました。今でもそう感じているだろうかと、時折ふと思います。でもあの時たしかにそう思ったという事実は、「本物を見た!」後に、学生たちと私が学び取った成果なのだと思います。

(注) この章は、拙稿「「本物を見た!」——「真正性」と「観光のまなざし」の間の海外体験学習」『共愛学園前橋国際大学論集』(二〇号、二〇二〇年) を大幅に加筆修正したものです。

02 教壇のない教室
——学生と出会い直した授業から

高橋真央

はじめに

二〇二三年七月。大人数での前期授業が終わりました。それは三年前の学生たちが切望していた対面授業でした。大教室にあるプロジェクタと黒板を使って、教壇から学生に向かって話をする授業は、ごくありふれた日常的な風景でした。学生との距離も近く、同じ空間を共有している対面授業のありがたみを感じながらも、あの頃に味わった達成感と連帯感がもはや存在しないことに、一抹の寂しさを覚えました。

新型コロナウイルス感染拡大防止対策によって、二〇二〇年四月から大学ではオンライン授業が実施されるようになりました。それまで授業といえば、学生と教員が同じ空間を共有し、その中で講義や議論が行われるのが当然であり、その授業形式を誰しも疑うことはありませんでした。教室では、名前をすべて覚えられなくとも、受講生同士が顔見知り程度になるのはごく普通のことでした。しかしながら、その日常がすべて叶わなくなるできごとが突然、私たちを襲いました。

対面授業からオンライン授業に移行する決断を短期間で行ったことによって、学生、大学それぞれがこれまでの大学の常識や授業の意味を改めて考える機会となりました。ここには、学生、大学、社会としてそれぞれの立場での意見や論議がありました。また、学生が大学や授業に対して何を求めているのかを改めて知ることにもつながりました。これまでの授業の方法が成立しないことに学生も教員も戸惑い、不安を抱えながら、試行錯誤をした毎日であったように思います。

この激動の日々は、私自身に多くの気づきを与えてくれました。顔も声もまったくわからない学生のサポートやコメントに支えられて、授業を乗りきることもありました。そして、オンライン授業を通して、学生と教員の間に強い連帯感や達成感を共に味わうことにもつながりました。この経験から得た学びは、今でも教壇に立つ私に多くのことを語りかけてくれています。

二〇二〇年春、ひっそりと静まり返っていたキャンパスは、今では若者の活気に溢れ、当時の学生たちの不安や苦しみを窺い知ることはできません。それぞれが見えない他者の立場を思いやり、共に助け合って切り抜けたコロナ禍は、まさに「災害ユートピア」の日々でもありました。今、かつての日常を取り戻しつつある私たちは、コロナ禍での経験を糧に、新たなステージに踏み入ろうとしています。

ここでは、コロナ禍での授業を通して私が学生との関係性の中から見出したことについて、書いていきたいと思います。

コロナ禍の始まり

「四月からの授業、一体どうなるのでしょうか?」

二〇二〇年三月初旬。その頃、私たち大学教員の関心は新学期の授業についてでした。テレビや新聞では、新型コロナウイルス感染拡大防止対策の一環として、三月二日から春休み終了までの約一カ月間、全国の小中学校、高校などが臨時休校となることが報道されていました。大学でも人が集まる行事はすべて延期や中止となり、さらに準備していた三月中旬の卒業式も中止となりました。一月の最後のゼミで「また卒業式で!」と声をかけていた四年生の学生たちとの再会は叶いませんでした。

いつもの日常は、二カ月前までの様子と様変わりしていきました。家中を探して、保管していたマスクや消毒液がどれだけ持つかを数えることが日常となりました。また街中のドラッグストアでは寒いなか、開店前に限定品のマスクを入手するための行列が、日を追うごとに長くなっていきました。その他にも、「トイレットペーパーが不足する」というデマがSNS上で投稿されたことから、トイレットペーパーを買いに走る人がドラッグストアに押し寄せ、品薄・品切れの状態が続きました。

本来であれば、卒業式や入学式、新年度の準備で慌ただしくもこれからの一年に心弾ませる時期であったのが、職場も生活も先日までと同じ日常や常識が通用しない状況へと変化していきました。どこにおいても外出する場合はマスクを着けることや、電車の中では咳を一つするだけで隣の座席には人がいなくなるという光景を、私たちは短期間のうちに受け入れるようになっていきました。

そして、職場でも外出先でも、マスク越しのくぐもった声と目の動きから相手の気持ちを推し量るという、これまで経験したことのない高度なコミュニケーション力を身につけることを余儀なくされていきました。

この間、アジア、中東、ヨーロッパ、北米各国の深刻な感染状況と国境閉鎖などの世界情勢を耳にしながら、二週間後、一カ月後の未来すら予想できない状況、感染防止対策や先の見通しが立たないなかでの政府の対応や報道に、社会全体が苛立ちを覚えるような時期を過ごすことになりました。

一方で、私はどこか楽観的にこの状況を見ていました。そうはいっても、日本では四月には新型コロナウイルスは終息して、何もなかったかのように入学式や新年度が迎えられる。いつもと同じ日常生活が待っていて、大袈裟に心配していたことを、学生も教職員も、そして日本社会においても、あれは貴重な経験だったと振り返ることができるのではないか、とすら思っていました。

新型コロナウイルスと新学期

（1）大学の状況について

三月下旬になると、大学では一週間後の入学式や新年度に関する対応を決定することになりました。全国の大学が入学式の開催や授業の実施について様子を窺っていました。入学式の中止や授業開始日の延期を早めに決定する大学もあれば、私の勤務先のように高校の卒業式も叶わなかった新入生にせめて入学式だけは開催したいと、決定をぎりぎりまで先送りする大学もありました。授業の実施についても、ＺｏｏｍやＴｅａｍｓなどのネット会議システムを使ったオンライン授業の実施を急遽決定したところもあれば、それを躊躇し、授業開始日を遅らせて対面授業の可能性を模索しているところもありました。結果としては、都市部を中心として多くの大学が入学式を中止し、新入生への短時間オリエンテーションを実施、もしくは郵送での連絡、という対応を強いられたのでした。

そして新年度開始から一週間経った四月七日。緊急事態宣言が七都府県に発出され、翌週には全国に拡大されました。三月初旬からの大学のロックダウンは、残念ながら新年度もそのまま引き継がれることになり、対面での授業の可能性を模索していた大学にとっては、実現が極めて難しくなっていきました。

（2）授業の再開

新入生はもちろんのこと、二年生以上の学生も社会状況の混乱と感染に不安を抱え、一つでもこれまでの日常を取り戻したいという気持ちが募っていったようでした。とりわけ新入生においては、憧れのキャンパスライフが目の前で断たれ、「大学生」になったものの、誰ひとり友だちができず、「こんなはずじゃなかった」という無念と孤独と闘う毎日を過ごしていたことでしょう。

四月中旬には、多くの小中学校高校がオンライン授業に切り替えるなかで、多くの大学もインターネットを使用したオンライン授業の実施を決定します。

一カ月前まで、オンラインでの授業やZoomというネット会議システムの存在をほとんど知らなかった大学教員は、これまで何十年と対面で行ってきた授業方法と授業内容を一から見直すことを強いられました。同じ空間で黒板を背に学生たちと向かい合い、議論をするゼミもすべてオンラインで行うことは、今まで夢にも思わなかった状況でした。

授業方針が決まってから二週間程度で、すべての教材の見直し、学生への連絡などを行う必要がありました。私自身もまた、この時代を生きているひとりの人間としての自分と、大学教員としての自分という二つの立場から抱く、感情の葛藤を抱えました。それは、家族や生活、健康への心配、すべてにおいて先の見えない不安とこのような混乱のなかでも学生の学びを止めないという大学教員としての矜持でした。

授業が始まるまでの数日間、連日朝から夜まで学生や非常勤講師への連絡、学科の教務関係のマネジメントに追われ、自分のオンライン授業準備もままならないなかで、学生たちから寄せられる悲痛な声にどう対応すればよいのか、心も頭も一杯になりながら、メールで彼女たちに返事を送ることしかできない状況が続きました。

オンライン授業が決定された直後、勤務先では学生側の通信回線やデバイスについて可能な限り配慮するように通達がありました。オンライン授業そのものに抵抗を示す学生たちだけではなく、自宅にWi－Fiがなかったり、ＰＣを保有していない学生も一定数いることを念頭に置き、配慮する授業や体制が担当者に求められました。

しかしながら、学生一人ひとりの受講状況に目をかけ、対応することは、学生の様子がまったく見えない一〇〇名を超すオンライン授業では非常に難しいことが予測されました。彼女たちが声を上げない限り、こちらは何に困っているのかを知ることができないのです。ラジオのように伝え手と受け手（リスナー）として互いの存在は認識しつつも、一方通行でのやりとりになることが懸念されました。

そのようななかで始まったZoomを使ったオンライン授業の初回。学生たちが今まで使ったことのないツールで無事にアクセスし、本当に授業に顔を出してくれるのかという不安で、私は前日からかなり緊張していました。

授業開始時刻になると、黒い画面上にちらほらと学生の名前や顔が見え始めました。初回の授業は、「学生がオンライン授業にアクセスすること」自体が目的でした。この状況下、大人でも混乱し不安を抱えているなかで、当初の計画からは多少遅れたとしても、初回から多くのことを授業で詰め込むことに、私自身が意味を感じられなかったからでした。

不安そうに画面をオンにしている学生、誰かわからないような名称表記で画面オフで参加している学生。Zoomの操作がわからず、音声をどこでミュートにすればいいのか、困惑している学生。それでも、顔を出している学生の表情からは、不安そうな半面、どこかほっとしたような印象を受けました。学生たちの様子を観察していると、瞬く間に一〇〇人を超える学生が画面を埋め尽くすかのように授業に入ってきました。そして、私の目の前のPCの画面には、新任教員以来の緊張でかなりこわばった私の顔が映し出されていました。

私の第一声は、このようなものでした。

みなさん、おはようございます！　今日から二〇二〇年度第一回目の授業が始まります。画面に向かって、みなさんで「おはようございます」と言ってみましょう！　そして、四月に入学した一年生のみなさん、ようこそ〇〇大学へ。みなさんの入学を先輩たちと共に心待ちにしていました。

二年生以上のみなさん、ＰＣに向かって、一年生に向けて「ご入学おめでとうございます！」と言ってみましょう。

ラジオのパーソナリティさながらに、私は自宅の部屋でひたすら一人でテンションを上げ、ＰＣに向かってしゃべり出しました。誰も声を上げて反応するわけではありません。それまでの授業では、最前列にいる学生から教室の後ろにいる学生まで、教室を見渡して、彼女たちの表情を見ながら話をしていた私の視界は、わずか一六インチのノートＰＣの中に納まることになりました。

この後、私は次のようなことを学生に伝えました。

今、この状況下で私たちは先が見えない不安を抱えて過ごしています。どんな専門家であっても、どんなお年寄りでも、この状況下は初めての体験です。そして、世界中の専門家ですら、的確な答えを持ち合せていません。私たちの想像を超える多くの人たちがこの状況に向き合い、必死で頑張り、闘っています。みなさんにおいては、不安や混乱、怒りや悔しさもあると思います。誰もが生まれて初めての経験で戸惑っています。だからこそ、みんなで協力してこの時期を乗り越える必要があります。みなさんの力を貸してください。そして、この授業をいっしょにつくっていきたいと思います。どうぞよろしくお願いします。

このようなことを話しても、画面はほとんど真っ黒で、誰の反応も見えません。私は、傍から見れば画面に向かってひとり言を熱く語っている自分に抵抗を感じつつ、私の声が聞こえているのか、意図したことが学生たちに本当に伝わっているのか、という不安を抱えながら話し続けました。

初回の授業は、ほぼオリエンテーションのようなものでしたが、その中で私が言い続けたのは、「通信環境などの問題から、視聴できない場合があっても、決して焦らないように。大丈夫ですから、安心してください」ということでした。

そして次のように付け加えました。

私自身も授業内で失敗したり、焦ったり、みなさんに負担をかけることが大いにあると思います。もちろんそうならないように頑張りますが、失敗することもあると思います。でも、このような時期には、お互いにゆったりと構えていっしょに授業を進めていきましょう。授業方法も試行錯誤で進めていくことになると思いますが、みなさんの貴重な意見や声を聞かせてください。それは必ず「誰かのため」になるはずです。

ＰＣの前でどんな学生が授業を受けているのかを想像しながら、私は緊張を隠すかのようにゆっくりと「安心安全な学びの場」を保証することと「これからのオンライン授業はみんなでつくるものであり、みんなの参加と協力が必要不可欠である」ということを何度も強調して伝えました。

ここから十数回の授業の中で、私は様々な失敗をしました。学内のＩＣＴには通じていた私も、授業システムの急激な変化にすぐに追いついていたわけではありません。学内のＬＭＳ（Learning Management System）をこれまでにすべて把握できていなかったことを反省するとともに、その機能の豊富さや便利さに圧倒されながら、にわか勉強でオンライン授業の設定をしていくことになりました。そのため、授業開始当初は一〇〇人以上に及ぶ受講生を巻き込んだ失敗をいくつもしました。ミュートボタンを間違って押して音が出なかったことや、授業録画を忘れたことは日常茶飯事でした。また、配信していたつもりのZoomのアドレスが学生に届いていなかったり、授業ではブレイクアウトセッションの設定時間を誤り、学生たちを何度もメインルームとブレイクアウトルームにワープさせることもありました。その都度、学生には「ごめんなさい、間違えてしまいました。もう一回仕切り直します！」と画面の前で冷や汗をかきながら、不慣れを詫び、PCの前で何度も頭を下げて授業をすることもありました。

（3）画面の向こう側にいる学生の反応――オンライン授業から

初回の授業課題は、授業の振り返りや授業方法に関するコメントでした。この課題を読むことで私は初めて、受講学生の反応を知ることになりました。LMSを開くと、想像以上に学生からの生き生きとした授業の感想やコメント、要望が寄せられていました。「初めてのZoomでのリアルタイム授業だったから、当日の朝までずっとめちゃくちゃ不安に感じてましたが、優しい先生だし、不安な気持ちはみんな同じだーって思ったら安心しました！」。このコメントを読んで、これまでの様々な迷いや疲れが吹っ飛ぶような気持ちになりました。そして、「あ、伝わっている！」と今までにないうれしさがこみ上げ、顔もわからない学生が書いた一文に元気をもらいました。

また、「リアルタイムでの授業は先生も初めてで大変だと思います。学生側も不慣れなところもありますが、先生も頑張ってください。応援しています」「先生も初めてのことばかりで大変なはずですが、説明もわかりやすいし少し不安が減りました。ありがとうございました」「これからも、慣れないことが続く可能性がありますが、頑張ってください!!」。学生から寄せられたエールの言葉に、ＰＣの前で今まで覚えたことのない感情が沸き上がり、目頭が熱くなりました。初回授業で担当教員に対して感謝や応援の言葉がこのように寄せられることは、それまでありませんでした。おそらく、多くの学生たちも、学期の初めの授業でこのようなコメントを書くことは、それまでなかったのではないかと思います。しかしながら、学生も担当教員の私も互いにエールや感謝の言葉をかけ合う状況が自然と生まれてきたのは、コロナ禍での「非日常」への急激な変化とそこに生じた不安や孤独感によるものであったのかもしれません。

学生も教員も不安と緊張を感じながらの初回授業から三カ月。一五回のオンライン授業では、それまでの授業と同様の内容とともに、コロナ禍で起きている社会課題を背景に学生に様々な問いを画面上から投げかけました。時には授業内にチャット機能を使ってコメントを寄せてくれる学生もいましたが、多くの学生はオンライン授業を視聴し、授業内で向けられた問いに関する課題に、自身の意見を書いて提出してくれました。

毎週の授業は、前週に提出された課題についてフィードバックをすることから始めました。まるでラジオのメッセージコーナーのように、学生のコメントを紹介していきます。オンライン授業では、通信環境の問題もあり、双方向での学生とのやりとりが制限されていることから、学生の様子をリアルタイムで窺うヒントが限られていました。私を含め誰ひとり受講生の反応がわからないなかで、このコメント紹介は今を生きる受講生の横のつながりとして、学生同士がどのようなことを考え、感じているのかを互いに知り、刺激し、学び合える貴重な機会となりました。これまでの対面授業以上にフィードバックを重視し、時には授業時間の半分近くを使って、彼女たち一人ひとりの意見を読み解き、大切にしながら授業を進めていきました。

回を重ねるごとに私のラジオ形式の授業も板についてきました。学生たちも自分のコメントが取り上げられることを期待したり、自分と同じ意見や反対の意見に耳を傾けながら、自身の価値観を形成したりするようになりました。私も学生のコメントに刺激を受け、毎回授業の冒頭に紹介していくのが何よりの楽しみになっていきました。呼応（Call and Response）とはこのようなものなのだと感じつつ、次回の授業準備のために一五〇名以上の学生のコメントを読みながら、学生と授業担当者の関係性、授業の意味について考えさせられるようになりました。

このようなやりとりを重ねた七月の最終回。学生からの授業最後のコメントは、コロナ禍で共に苦楽を味わった同志としての私に向けられたものでありました。

オンラインというまったく新しい状況で毎回とても丁寧な授業をしていただきありがとうございました。先生も私たちも、みんなが不安を抱えたなかだったと思いますが、先生のわかりやすい丁寧な対応、他の受講生の積極的な態度など全員のおかげで授業を無事終えられてよかったなと感じ、感謝しております。本当にありがとうございました。

先生のお手紙〔Zoomの最後のスライド〕がうれしかったです。先生と対面で授業してみたかったなと思いました。また、この授業を受けてよかったなと思いました。先生も学生に助けられると書いてあったように、人は人に助けられているのだと感じました。ありがとうございました。

この時の学生からのメッセージは、まったく先が見えない状況の中で、学生の気持ちに向き合いながら、学びを提供することを一心不乱にやってきた自分の努力がわずかでも報われたように感じ、心の底からうれしく思いました。そして、「学生と共に授業をつくること」「学生の気持ちに寄り添うこと」を重視しながらつくりこんでいった授業方法は、私の今後の授業のあり方に大きな指針を与えてくれたように感じました。

コロナ禍で見直されたもの、見出されたもの

（1）大学の授業とは何か？

二〇二〇年四月から始まったオンライン授業は、九月以降は受講生の人数を制限しながら、通常の形式としての対面授業へと移行していきました。

対面授業でないと授業ではない、オンライン授業を奨励しているのは大学教員が楽をしたいからだ、オンライン授業でもZoomなどのリアルタイムでなければ対面授業と同じ効果は期待できない、といった議論はコロナ禍当初から厳しい批判と共に大学教員に向けられてきました。コロナ禍前の対面授業の時よりも数倍の時間と労力を割いているにもかかわらず、このような声がメディアを通して取り上げられていることに、当時の私は悔しさすら感じていました。

対面授業であろうとオンライン授業であろうと、学生の学びをどのように支援するか、学びの目的はどこにあるか、ということが最も大切なことであるにもかかわらず、授業の方法や大学教員の仕事に対する批判へとすり替わってきたことに私は疑問を感じずにはいられませんでした。授業方法だけが取り上げられ、学生が取り残されないように、どう私たちが関わるべきなのか、という重要な課題が後回しになっていた現象もあったように思

います。

コロナ禍の三年半、大学教員として授業を行った私は、たしかに様々な経験をしてきました。失敗も多く重ねながらも、「誰ひとり取り残さない」授業や学びの提供を心に留め、頑張ってきたにもかかわらず、残念ながら学生の要望すべてに応えることはできませんでした。自分の無力さに落ち込むことも少なからずありました。そのようななかで、やはり考えさせられたのは、「大学の授業」の意味とそこにいる学生と教員の関係性でした。

（2）教壇が取り払われた授業の先にあったものとは

授業には、「教える」人と「教わる」人がいます。「教える」ことは、「教壇に立つ」と言い換えることもできます。そして多くの大学の教室には、「教壇」を挟んでこの二つの異なる立場の人が存在するのです。

教壇では、教える人がそこに立ち、一段高い場所から講義をし、学生に指示を出すこともあり、教わる側との間には一線を画すような距離があります。教員が教壇に立ちながら授業を進める、これが標準的なものでした。

しかしながら、オンライン授業では、当然「教壇」はありません。等分に分けられた枠の一つから担当者の教員が顔を覗かせ、声を出すことから授業は始まります。教員も学生もオンライン上では同じ画面におり、参加者の一員としてバーチャルな空間で同じ時間を共有していました。それまで学生は大学に来たら、教室内で自分が座る場所を決め、教員の話を聞き、話をすることがなくとも他の学生の動向を感じながら、自分の中に入ってくる様々な情報を整理して授業を受けていました。オンライン授業ではその多くの情報が閉ざされたことで、学生は大いに混乱したことだと思います。私もまた、学生同様に、普段何気なく察知していた学生同士の会話や彼女たちの表情、教室の環境といった、多様で貴重な情報がすべて失われたことで、どのように学び合う場を創り出していくべきか、大いに悩みました。

教室内で学生と教員に与えられた道具や環境は、オンライン授業では一切通じないことがわかりました。バーチャルな空間では、机や椅子、教壇や黒板といった教室内にあるすべての設えは無意味です。一方で、バーチャルな空間にアクセスすることを通して、その場に集い、学ぶ時間を共有することで、これまでと異なった一体感を味わうことにつながっていきました。

コロナ禍に入った当時、私は孤軍奮闘しながら授業を準備し、学生に何を提供できるのかを必死に考えていました。初回授業で「この授業をいっしょにつくっていきたい」と言ったものの、見えない相手にどう協力してもらえばいいのだろうか、と自分だけの視点で考えていました。学生も孤立していた一方で、私も不安と共に孤独な環境にいました。自分の至らなさや弱さと向き合い、戸惑うことばかり。その状況をバーチャルな画面の向こう側から、姿も様子も見えない学生たちが様々な形で応援し、授業を成立させてくれました。学生も教員も孤独と戦いながら、その孤独を共有することによって、それを乗り越えようとする気持ちと、この状況に屈してはならないという矜持と学びの連帯感が全体に生まれ、互いに支え合えることを各々の立場で体現していくこととなりました。

「授業は学生と共につくるもの」という考え方は、大学でもアクティブラーニングが重視されてきている昨今では珍しいものではありません。むしろ当然の話です。コロナ禍前、様々なワークショップを行いながら、学生のアクティブラーニングを推進していた私にとって、「授業の主体は学生」であることは意識していたつもりでした。けれども、それは単に知識としてわかっていただけであり、本当に理解できたのはコロナ禍でのオンライン授業を通した学生とのやりとりや、彼女たちに助けられたいくつもの経験からでした。

(3) コロナ禍で見出された学生と教員の関係性の変容——学び合う存在として

コロナ禍でオンライン授業に取り組んだ私が学んだことは、「授業(学び)はみんなでつくるものであること」、そして、「誰もが弱さや不安を抱えていること、だからこそそれらを認め、尊重し支え合える関係性が必要であること」でした。

この三年間で、オンライン授業ゆえに大学に行けず、友人とも会うことが叶わないことから、様々な面で取り残されてしまった学生も少なからずいました。一方で、対面授業へと移行し、かつての日常が戻ってきたことで、コロナ禍では見えなかった学生たちが抱えていた不安や課題が浮き彫りにもなってきました。

学生に向けてどのような言葉をもち、問いかけや対話を行い続けるか。そして、教員としての自分が「教壇」から下りて、学生とどのような関係性を築いていきたいのか。これらの問いが私の中で常にうごめいているのを感じます。

オンライン授業の日々で各々が孤立した環境の中にあったとき、私は「対話」について深く考えるようになりました。本来、対話とはお互いの目や顔を見ながら、膝を突き合わせて語るなかで生まれるものでしょう。しかしながら、オンライン上でやりとりされた教員と学生の関わりでは、直接的ではなくとも、無意識のうちに対話が生まれ、様々な関係性の交換が生まれていたのだと気づかされました。そこでは、授業や学びは「教える」「教わる」という一方的な関係に留まるものでないという姿勢を、誰もが体現する結果となりました。それは、コロナ禍で閉鎖された環境の中にあったにもかかわらず、学生たちも私も、自分を取り巻く世界情勢と社会問題に対峙する経験を通して、自分の学びを言語化し、他者と共に学び合う関係性を構築していくなかから、主体的、協働的な学びを具現化していくことにつながりました。

ほとんどの大学でコロナ禍前と同じ授業形式が戻ってきたからこそ、私たちはあの時に学んだこと、苦労したこと、そして得たことを今一度考え、今後に生かしていかなければならないと感じます。

二〇二〇年四月以降、コロナ禍において人と人との直接的な関わりが途絶えるなかで、世界中の人びとが不安や困難さを抱えながら、支え、労わり、譲り合いながら生きている社会において、その感情を共有することはそれまでになかったことであるとともに、それこそが連帯を生んだのかもしれません。

おわりに

コロナ禍で大学教員として一一年目を迎えた自分が、このような事態で学生に「助け」を求め、自分の心情や弱さを伝えることは、授業の失敗や不備に対する言いわけにならないか、自分の無力さをさらけ出すことではないか、という葛藤を何度も経験しました。学生たちが心細さを感じているなかでは、彼女たちを励まし、この状況下でも変わらず凛とした姿勢で対峙すべきではないのか、と自問自答を繰り返しました。

私はそのような思いを学生に話すことを通して、誰もが不安や弱さ、怖さを抱えていること、その気持ちを互いに正直に伝え合うことで、たとえ異なる空間にあったとしても、他者と思いを共有し、立場を越えて助け合い、学び合うことができることを自ら示したいと考えました。決して自分の思いや感情を抑えて我慢するのではなく、「いま・ここ」にある心の動きを共有することを通して、この時代に生きる自分たちに与えられた困難さを共に乗り越える力をつけてほしいという願いもありました。

オンライン授業で画面上に映る私は、これまで以上に自分の至らなさや失敗を学生に見せることとなり、格好悪く、情けない一面を晒す教員であったと思います。決して学生のお手本のような振る舞いができていたわけではありません。画面の前であたふたしている教員を前に、学生たちは辛抱強く付き合ってくれ、時には様々な私のミスを補うようなサポートを行ってくれました。暗闇の中で孤独と戦いながら授業をしていると感じていた私が、改めて学生たちの存在を感じ、そして彼女たちがいるからこそ、自分はここで授業ができることに気づかされたのでした。

コロナ禍の最中に出会った学生と共に味わった連帯感という「魔法」は、かつての「日常」に戻ったことによって消え失せたのかもしれません。

しかしながら、その「魔法」の中で共に学んだ、学生たちと私がそこで得た糧を、今後の授業の中でどのように生かしていくのか、それがこれからの時代に学生と向き合う私の大きな宿題となりそうです。

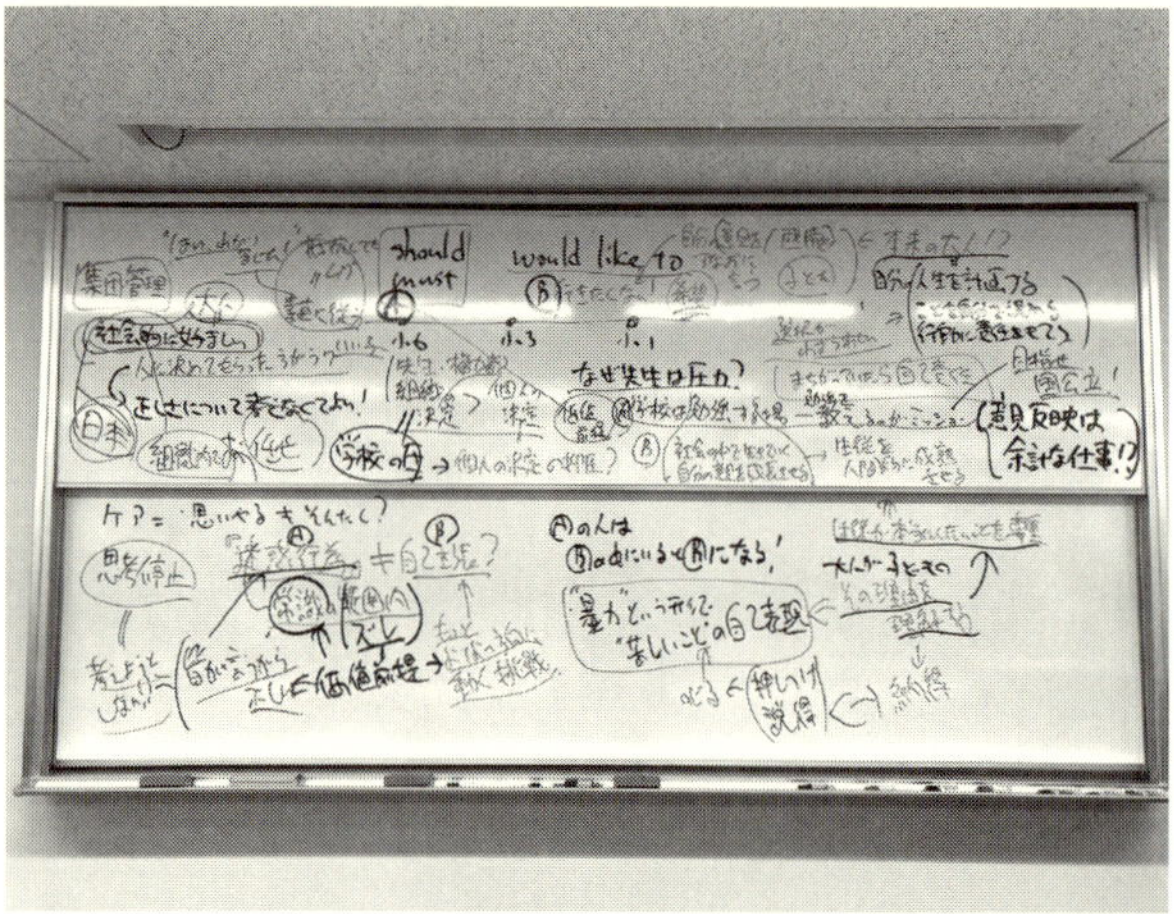

〔写真〕授業ではいつも、学生たちが発してくれた言葉をできる限りホワイトボードに書き留める。そこに私の問いや視点も書き加えながら、板書ではなく共に考え合う思考のプロセスを描いていくようにしている

03

教える―教えられるをほぐす

竹端 寛

はじめに

二〇二二年七月末、私は大学本部で学長から表彰状をもらいました。教育活動教員表彰で、最優秀教育活動賞を受賞したのです。じつはこの受賞を知らされた時も、受賞した後も、正直に言うと、ぽかーんとしていました。だって、私はどんどん「授業をしない」比率を増やしてきたのに、それが「最優秀教育活動」とつながるなんて。

もちろん、最初から「優れた教育」なるものができたわけではありません。今も「秀でた内容」かどうかは怪しいです。そもそも何が「最優秀教育」なのか、私にはちゃんと定義できません。ただ振り返ってみると、二〇〇五年に常勤講師になったとき、奈落の底に突き落とされるような体験をするところから、私の大学教育は始まりました。そこから、授業との向き合い方を根本的に変えようと試行錯誤し、一七年経って、やっと一定のスタイルにたどり着いたのかもしれません。

……という冒頭の書き出しから、すでにモヤモヤを感じておられる方もいるかもしれません。フィールドワークの本のはずなのに、フィールドじゃなく授業の話なの、と。共著者の高橋さんはケニアへ、鈴木さんはイタリアへ（第二部を参照）。学生と共に旅立ち、その現場での相互変容を描くという意味では、百歩譲って授業もフィールドワークの一つなのかもしれない。でも、竹端は学生とどこかのフィールドに出かけたわけでもないのに、ふだんの授業という教育現場での変容をフィールドワークの報告として描くのは変ではないか、と。私自身も、少し前までは同じような問いをもっていました。しかし、鈴木鉄忠さんの師匠である新原道信先生の「デイリーワーク」というフレーズを聞き、これだ、と思いました。

自分の慣れ親しんだ世界を旅立って、異なる文化や価値観に支配される現場（フィールド）に出かけて、その現場で見聞きした・体験した内容を考察する。これが標準的なフィールドワークの前提だと思います。でも、フィールドワークをする誰もが、フィールドにずっといることはありません。どこかのタイミングで、その現場から帰宅して、ホームである日常世界を生きることになります。あるいは、そのフィールドが気に入ってそこに移住した場合はホームになります。私なら、兵庫県姫路市をホームに、姫路にある大学で授業をし、大学教員として必要な業務を行います。その本業を、フィールドワークと対置させて「デイリーワーク」と名付けるなら、デイリーワークにはデイリーワークなりのやりがいや面白さがあるし、それにはフィールドワークと通底する部分もあります。

この章では、私の授業実践というデイリーワークの変容を取り上げます。一九年前、初めて常勤職の大学教員として教壇に立ったとき、それまでの自分が学生として「授業とはこういうモノだ」と思い込んでいたスタイルをいざ踏襲して実践しても、まったく受け入れられませんでした。朝練をしてクタクタになっていたスポーツ学生が、一限の私の授業でみんな寝ていたのです。

その現実に向き合うことになったとき、私にとって「授業をすること」は、たしかに毎週担当するデイリーワークでありながら、まったく馴染みのないものになってしまいました。自分が受けた授業スタイルが通用しない相手に対して何かを伝えようとするなら、少なくとも「寝ずに起きていてもらう」ためには、彼女ら彼らが「オモロイ」と思う授業の中身をゼロベースで組み立て直す必要がある。では、どうしたらよいのか？ これは後から振り返ってみると、「大学の授業」に関する私自身の価値前提を問い直し続ける日々でした。

大学の授業というのは、学生時代から一〇年以上関わってきて、自分にとっては「慣れ親しんだ価値観や文化」だと思い込んでいました。でも、「寝る」という形で異議申し立てをする学生たちを目の前にして、私自身が内面化してきた「大学の授業の常識」を新たに問い直し、自分が経験していない新たな形態をつくり上げていく必然性に迫られました。これは、慣れ親しんだ「教室」「学生」相手であっても、新たなチャレンジや展開でした。そういった意味では、私にとってのデイリーワークが即フィールドワーク、でもありました。

それは、どんな試行錯誤だったのでしょうか。

「教わったやり方」を手放す

私が教師として鍛えられたのは、三〇歳で初めて大学の常勤講師として採用された山梨学院大学での経験によってでした。箱根駅伝でもおなじみであり、競技スポーツで全国的に有名な大学です。陸上競技部だけでなく、柔道部やホッケー部、レスリング部や水泳部をはじめ、競技スポーツで全国大会に出るカレッジアスリートがたくさんいました。彼ら彼女らは朝練をした後、九時からの一限の授業にやってきます。「ひと仕事」を終えた後に授業で一方通行な話を聞かされていたら、誰だって眠くなりますよね。事実、赴任当初は、お通夜というか、多くの学生が寝てしまう講義になっていました。

「どうしたらいいのだろう?」と当惑して、赴任した年の連休明けに、お世話になっていた予備校時代の恩師に電話をかけました。それまでの一〇年間、彼といっしょに教えていた予備校や塾では、これでも私は「人気講師」として評価されていました。なのに、今の現場ではまったく学生に通じない、と。すると、恩師からは「どんな授業をしているの?」と聞かれました。「もしかしてきみが大学や大学院時代に受けてきた授業と同じことをしていないか?」と。その通りだと答えると、一喝されました。

「きみは、塾や予備校では、相手のわからないところまで自分から降りていって教えてきたよね。でも、大学教員になったら、そのやり方を捨てるのかい? スポーツ推薦で入ってきた学生たちがきみの講義に興味をもてないなら、彼ら彼女らが興味をもてる内容を探すのが、君の特技なんじゃないのかい?」

目の覚める思いでした。どこかで、教科教育をする塾講師と大学教員は別物だ、と思い込んでいた自分がいました。知的で高度な内容を教えなければならない、と強迫観念に陥っていたのです。また、心のどこかで「スポーツの学生はなってない!」と上から目線で否定してもいました。でもそれは、塾や予備校で教えていた時の自分が身につけてきたスタイルと違います。ではどうしたらよいのか? 私が「いま・ここ」の職場でできる、具体的なことはただ一つ。これまでの(=自分が学んだ)大学教員像を一度脇において、目の前の学生に興味をもってもらえるように、私の授業スタイルや内容をどう変えるか、でした。

とにかく別の動きをしてみよう、と試行錯誤を始めます。その初めの一歩は、録り溜めたビデオやDVDの活用でした。私自身、NHKのクローズアップ現代やEテレの福祉番組をたくさん見ていて、そこから多くのことを学んできました。様々な映像の中から、二〇〜三〇分のコンテンツで、授業で使えそうな内容を厳選して活用することにしました。また、この頃から毎朝、新聞のテレビ欄でネタになりそうな番組をチェックし続けていました。

たしかに、映像は私が一方的に話すよりインパクトがあります。でも、映像をただ流すだけでは、授業へのコミットメントが低い学生はやっぱり寝てしまいます。そこで、授業の最初に学生たちに「問いかけ」を行うようになりました。

「生活保護をもらってパチンコをするのは悪か?」
「薬物依存者はろくでもない人なのだろうか?」
「認知症の人は何もわからなくなるのだろうか?」

こういう「偏見や先入観」を学生たちに問いかけ、ワークシートに自分の意見を書いてもらってから、隣の人と意見交換してもらったうえで、学生にマイクを渡し、その声を拾います。すると、上記の「偏見や先入観」に賛同する人がけっこうな数いることがわかります。それを確認したうえで、生活保護の当事者や薬物依存の経験者、若年性認知症の当事者など、否定的なラベルが貼られたご本人の語りを視聴してもらうのです。すると、それまで信じ込んできた「常識」とは違う、リアルな当事者の語りと出会って、学生たちは困惑します。その困惑に基づいて、映像の感想を学生たちにシェアしてもらい、そこから授業を展開していきます。

すると、授業中に寝る学生がどんどん減っていきました。福祉に興味をもたなかった学生も、自分自身が「そうだ」と思っていたものと違う現実を視聴することによって、「それは一体どういうことなのだろう?」という「問い」が生まれます。そして、その「問い」さえ生まれてしまえば、しめたもの。その「問い」を他の学生と問い合ったり、他の学生の「問い」に関する意見を聞いたり、そして私が用いる理論や実践の話を聞くなかで、自分の「問い」をさらに深めたり、再定義したり、そういう営みが始まるのです。私が話す時間を減らし、学生たちが主体的に議論したり問い合ったりする時間を増やせば増やすほど、授業に学生がコミットしてくれるようになってきたのです。

銀行型教育からの転換

そんな折、私のモノの見方を大きく変えるフレーズと出会います。

従来の「伝達」の方法は、人々の無知を〝空の箱〟にたとえ、その〝箱〟を指導者の知識が満たすという比喩から「銀行型アプローチ」ともよばれる。課題提起型というアプローチはこれとはまったく異なる。まず、人々は彼ら自身の経験からすでに知の所有者であり、物事を考え探求できる能力をもっていると考える。ゆえに〝指導者〟（ここではもはや指導者ではなくファシリテーターであるが）の役割は、彼ら自身が現実社会を分析し、発見し、行動していくための課題を提起し、その過程を支援することにある。ここで求められるのは覚えることではなく、疑い、問い、考えることである（久野研二・中西由紀子『リハビリテーション国際協力入門』三輪書店、一四四頁、二〇〇四年）。

上記の文章は、教育者パウロ・フレイレの主著『被抑圧者の教育学』の考え方を、国際協力やリハビリテーションの領域で解説した部分です。フレイレのその本は大学院生の頃にかじりましたが、難解な思想と硬質な翻訳ゆえに挫折していました。でも、自分が大学で教えるようになって出会った上記の解説文には、グサッと突き刺さるものがありました。

なるほど、知識における非対称性という意味では、教師は知識をもっていて、学生たちはもっていない、といえます。だからこそ、学生の「空の箱」に教師が「知識」を注ぎ込んでいく、学生はそれを黙って受け取り、鵜呑みにする。そういう一方的なアプローチをお金を貯金する「銀行」にたとえるなら、私がこれまで受けてきた教育の大半が「銀行型アプローチ」でしたし、私も大学教員として当初はそのアプローチをしていました。

しかし、福祉に関連づけて「生きづらさ」のテーマで授業をし始めると、学生たちも「自身の経験からすでに知の所有者であり、物事を考え探求できる能力をもっている」ことがわかってきました。スポーツでトップクラスの学生たちの中には、中高生で全国大会や世界大会に出場するほどのキャリアをもっていても、大学で伸び悩んで一軍に入れず、挫折して苦しんでいる人も多くいました。その中には、自分を責め立てて自己嫌悪に陥り、薬物の過剰服用（オーバードーズ）で自殺未遂に至る学生もいました。そういう学生たちは、「生きづらさ」ならすでに経験しており、それを自分に引きつけて考える力をもっていました。スポーツ学生以外でも、いじめられた経験や家族関係の不和、自分自身のコンプレックスなど、何かしらの「生きづらさ」を抱えている学生はたくさんいます。

そういう学生自身の「生きづらさ」にアクセスすることができたら、次に私に求められるのは、今までの「空の箱」を満たす知識伝達を止め、ファシリテーターとして、学生「自身が現実社会を分析し、発見し、行動していくための課題を提起し、その過程を支援すること」です。学生たちは、自分自身の「生きづらさ」を自己責任であり、個人的な問題だと思い込んでいます。たしかにそれは個人に起こった不幸や悲劇に見えます。でも、個人的なことばかりではないのです。たとえば、「障害の社会モデル」は、個人的な悲劇や不幸に見えることがらの背後に、社会構造の抑圧があることを指摘します。駅にエレベーターやスロープがなかった頃、車椅子の人は松葉杖を頼りに歩いて上らされるか、乗客扱いされずに貨車に乗せられるか、そもそも乗車拒否にもあっていました。でも、障害者団体の人たちが粘り強く電車に乗る運動を四〇年前から重ねるなかで、駅のバリアフリー化を促す法律ができ、当たり前のようにエレベーターやスロープが付けられるようになったのです。すると、車椅子ユーザーの移動における不幸や悲劇は減っていきました。

このように、個人的な悲劇に思えることがらも社会構造上の制約が生んだものである、という例を用いながら、学生たちに自分たちが感じている「生きづらさ」と、他者のそれとを「関連づける」ことを毎回の授業で促す（ファシリテートする）ようになりました。教室という場において、教員も学生も、「覚えることではなく、疑い、問い、考えること」を重視して、共に考え合う場づくりを心がけていきました。これは私自身のデイリーワークの前提を大きく変えることになります。「一方的に教える」という、慣れ親しんだ大学の授業への固定観念に基づくやり方から少しずつ「逸脱」「離脱」するなかで、様々な相互変容が展開していきます。

信じて手放す

授業内では、その日のテーマについて、仲間同士で議論をしてもらい、その後、マイクを向けてその内容を話してもらいます。当初は「他の仲間の考えたことをみんなでシェアする」くらいの気軽な気持ちでやっていました。でも、そこで学生たちが差し出してくれるのは、ずいぶん本質的であり、魅力的な声が多いのです。そこで、私はある時から、それらのフレーズをホワイトボードにメモするようになりました。そして、それらのフレーズについて、なぜそう考えたのかをさらに深掘りして尋ねて、そこから出てきた言葉も書いていきます。それを何度かしているうちに、様々なキーワードが関連づけられて、目の前でつながってくる、あるいは思いも寄らぬ関連性が見えてくるようになりました。

マイクを向けた学生とは事前に打ち合わせをしていないので、彼女ら彼らの発言する内容は、時としてまったくの想定外の展開になることもあります。なぜなら、学生の発言内容は、私にはコントロール不能だからです。当初は、自分自身が用意したレジュメなり筋書きに落とし込むために誘導的な質問をしてみたり、あるいは聞き手の私が強引に関連づけてしまったりする場面も多々ありました。そして、そういう誘導に関しては、「先生は洗脳しようとしている」「自分たちの話をつまみ食い的に使おうとしている」という反発もありました。

そこで、ある時から、私自身が手綱を手放してみました。用意したレジュメや筋書きと違う展開のフレーズが学生から出てきても、それを否定したり強引に誘導したりせずに、とりあえず「それは一体どういうことですか?」とおたずねしてみることにしたのです。すると、一見すると無関係に見える内容であっても、「いま・ここ」という授業の場で差し出される発言には、意味や関連性が必ずあることが、少しずつわかってきました。

逆に言えば、それまでの私は想定の範囲内の学生たちのフレーズしか拾おうとせず、自分の想定外の発言については、「これは授業に関係がない・薄い発言である」とスルーしていたのです。授業の中で、いくら対話や発言を求めても、結局私が査定者・評価者として、目の前で「取り上げる=評価する発言」と「取り上げない=評価しない発言」を峻別していたら、それは学生たちにとって見せかけの対話であり、結局のところ銀行型教育の延長線上でしかありません。その経験について、「小学校の道徳の時間は、一見すると答えがない問題を議論するように見えて、じつのところ先生が決めた枠組みに当てはまる発言しか評価されず、結局のところ誘導されていると思った」と教えてくれる学生も何人もいました。つまり、教師が頑張ってまとめようとすることが、学生からすると「教師の答えに従わせる誘導や洗脳」に見えたのです。

ただ、私にとってレジュメや筋書きを手放し、学生の「いま・ここ」の発言に従うことは、大きなチャレンジでした。なぜなら、自分自身が自家薬籠中のものとした「定番の知識やパターン」から逸脱していくのですから、授業がどこに向かうかわかりません。教師は授業をコントロールするものだ、という価値前提でいた私にとって、学生との対話は、どこにいくかわからないという意味でアンコントローラブルな展開です。ただ、ある時期から、「これは即興演奏なんだ」と思い始めました。ジャズにおける即興演奏とは、主旋律なりリズムや展開にある程度の大枠はあります。そのうえで、各パートが自由に即興で弾いていきます。でも、勝手にめちゃくちゃな音を鳴らしていては、音楽としては成立しません。大枠を意識しながら、別の楽器の人と呼応しながら、自分なりの音やリズムを紡ぎ出していきます。

学生たちも勝手にバラバラな発言をしているように見えて、授業の中で感じたことについての発言なので、その授業テーマに必ず沿っています。どんなに関係なさそうな発言でも、授業という枠の中で発言しているのですから、その主旋律と呼応しているのです。そのとき、即興演奏のリーダーやファシリテーターとしての私に求められるのは、各パートの演奏を無理やりまとめることでも、一つの方向性に強引に引っ張ることでもありません。それぞれのプレイヤーの独自性や出してくれた音を尊重しながら、それがその場の全体構造とどう関連づきそうなのかをおたずねしながら、音合わせしていく。そんな役割です。

この時に最も大切なのは、どう導くか、ではありません。プレイヤーである学生たち一人ひとりを信じることです。信じて、その発言を大切にして、授業における即興演奏の場の中で、その問いかけや発言が全体構造にどのように結びついていくのか、をいっしょに考え合うことです。

つまり、筋書きを手放し、どこに行くかわからないけど、学生たちと共に授業内で「即興演奏」を繰り返していくことで、確実に授業が私にとっても面白いものになりました。そして、私が楽しんでいるのですから、そのワクワクは学生たちにも伝わります。そうして相互変容がどんどん深化していったのでした。

反転授業に深化する

学生たちの声に基づいて授業を進めていく。それは一見すると美しいフレーズです。では、授業の質の保証はどうするのか？　ある程度の知識を提供しなかったら、それは自主学習になるのではないか？　何より教員の役割の放棄ではないか？　そういう問いも聞こえてきそうです。そして、私自身もその点について、気にしていました。ただ、二〇二〇年から猛威を振るったＣＯＶＩＤ－19によって、上記の点も結果的に克服できるようになっていきました。

二〇二〇年三月末から四月にかけて、急遽一カ月足らずでオンライン授業の構想を練らなければならなくなった際、私が最も頭を抱えたのは、「映像が使えない」ということでした。受講するすべての学生が、オンライン環境が充実しているわけではありません。映像のように容量の大きいコンテンツは視聴できない可能性もあります。そしてさらに頭を悩ませたのは、著作権の問題です。授業の中でのみ映像を見せるならまだしも、事前課題としてYouTubeにアップすると著作権侵害になります。すると、これまでの映像に頼るやり方はできなくなります。「どないしたらいいんやろう?」と頭を抱えました。

ただ、私にはオンライン対応への「免疫」がありました。子どもが生まれた二〇一七年から家事育児によって出張がほとんどできなくなってしまったので、オンラインミーティングソフトであるZoomを使って国内外の人とミーティングすることは、ごく当たり前だったのです。また、Zoomで少人数の議論を行うためのブレイクアウト機能も、それまでに何度か体験したことがありました。グループワークや議論には、Zoomが向いていることもわかっていました。

いざ対面の授業をオンラインに切り替える際は、これまでの授業でやってきた内容のうちオンラインで使えるものは徹底的に活かし、オンラインでは対応が難しいものは別の代替手段を活用する方針をとりました。これまでの授業に当てはめると、少人数でテーマについて議論することは、間違いなくオンラインでも可能です。ただ、「みんなで映像を見る」ことはできませんし、視聴を事前課題とすることも難しそうです。そこで、以前から聞きかじっていた「反転授業」形態に移行することにしました。

反転授業とは、「講義部分をオンライン教材として作成し授業外学習として予習させ、対面の教室、すなわち授業学習では、予習した知識・理解の確認やその定着、活用・探究を協同学習などを含めたアクティブラーニングでおこなう」(注)ことだと定義されています。私はそれを拡大解釈し、あるテーマについてのテキストを読んで事前課題としてミニレポートを作成してもらうことを「授業外学習」の「予習」として設定し、当日のオンラインでの授業学習では、「予習した知識・理解の確認」を仲間でしたうえで、「その定着、活用・探求を協同学習」で行う、というふうに位置づけました。また、オンラインにおいて私一人で話をリードすると双方向性に欠けるので、ゼミ生などに「アシスタント」をお願いして、ラジオ的におしゃべりしながら授業を進める、ということも心がけました。

具体的には、たとえば「ひきこもり」がテーマであれば、それについての優れたウェブ記事や論文、YouTube映像など、ネットで検索可能な情報を三〜五つ選び出します。そして、授業前にそれらを読んだり見たりして、①わかったこと、発見したこと、②モヤモヤしたこと、疑問に思ったこと、③自分の経験に引きつけて言えそうなこと、をそれぞれ三〇〇字程度ずつ、合計九〇〇字程度のミニレポートとして作成してもらいます。つまり、標準的な知識の獲得は、事前課題で予習してもらうことにしたのです。

オンライン講義では、まずアシスタント役をお願いしたゼミ生と二人で、前回の振り返りや今週の事前課題の内容についておしゃべりします。次に、三、四人のグループで、①〜③の事前課題について二〇〜三〇分程度シェアし、共通点や相違点についても整理してもらいます。その後、全体討議に移り、様々なグループの学生をどんどん当てながら、話し合われた内容や、そこで出たキーワードを話してもらい、その内容について私やアシスタントと共に深掘りしていきます。そこからは即興演奏で、議論の中で浮かび上がった疑問や、学生から差し出されたモヤモヤする課題について、それを「議論してもらう問い」の形で私が整理して、再び小グループで議論し、全体でシェアする時間をつくります。そのセッションを何度か繰り返すなかで、一つのテーマについての「アクティブラーニング」を授業内で展開していきました。

オンラインでここまで議論を深める講義はあまりなかったようで、冒頭で触れた最優秀教育活動賞は、このオンライン授業の内容が評価されたものです。二〇二二年は対面講義に戻ったのですが、この方法は引き継がれました。事前課題はこのやり方を引き継ぎ、授業開始時にランダムなグループに座ってもらい、議論を深めます。オンラインと違って話した内容はホワイトボードで整理することができたので、むしろ議論が可視化されて、対面のほうがより評価が高くなっていきました。

学生からのフィードバック

では、私の授業で出会った学生たちはどんな感想を抱いたのでしょうか。複数の授業のフィードバックでもらった感想を、いくつかご紹介しながら、私の感じることも言語化してみます。

銀行型の授業形式ではなく、事前学習からしっかり資料に目を通して自分の意見を考え、議論をし意見を深め、最後にミニレポートを書く形式にすることでより自主的に授業に臨めて、前期に取ったどの授業よりも熱心に、また、一番頭に知識が残りました。

こういう感想は、私にとって本当にうれしいものです。こうやって授業の内容を見事に端的に要約できる力のある学生さんだからこそ、どんな授業でも自主的に受講できるのだと思います。でも、この自主性は、事前課題で「問い」や「モヤモヤ」といった「自分の意見」をまとめる経験があったからこそ、引き出されたのかもしれません。事前課題をこなしたうえで授業に臨むと、その場で初めて出会った仲間とであっても、授業内容について議論をすることが可能になります。そして、同じ資料に基づく違う意見が深まるなかで、議論内容が確実に頭の中に残っていくのだと思います。

先生の授業は、授業の大半が学生同士の議論の時間という、これまでに受けたことのない新しい授業の形態だった。先生の話しを一方的に聞く授業とはまったく異なり、授業のあいだ常に頭をフルに働かせながら議論をするため、授業中に眠たくなるという概念がこの授業では一切なかった。さらに、自分たちの頭で思考することによって生まれた様々な見解というのは、その場の議論の流れや自分の思考回路と共に一生頭に残り続ける。そして自分の身になり日常生活の何気ない一瞬一瞬の中でも、気づいたら知らず知らずのうちに生かすことができている。

「授業のあいだ常に頭をフルに働かせながら議論をするため、授業中に眠たくなるという概念がこの授業では一切なかった」というのは、毎年のようにたくさんいただく感想です。一九年前、専任講師として初めて教壇に立った時に、授業中に眠り始める学生たちを前にして感じた絶望感を思い出すと、やっと自分が変わることができたのだ、と率直にうれしくなります。

また、「自主的に授業に臨めて、前期に取ったどの授業よりも熱心に、また、一番頭に知識が残りました」と述べてくれた先の学生さんと同じように、「その場の議論の流れや自分の思考回路と共に一生頭に残り続ける」というのも、印象的な感想です。暗記をさせられる、説得される内容であれば、右から左、になるのかもしれません。でも、自分たちの頭で思考するプロセスがあるからこそ忘れないし、日常生活の中で活かすことができる。それを体現してくれているとしたら、それは授業以外にも活かせる智慧なのではないかと思います。

最初は戸惑いや当てられる不安感が勝っていた私だが、回を重ねるごとに議論を楽しみ他の人の考え方に自分の考え方を組み込めるようになっていった。講義が九〇分では足りていないのがわかるほど、話し合えば話し合うほど答えのない問いかけに引きずり込まれるのが面白かった。

先生に「忖度」することに慣れていた学生たちは特に、正解がない問いをどんどん問い続けていく私の授業のスタイルに対しては、最初は戸惑いや不安感が強いようです。「一体この授業の「落としどころ」はどこなのだろう」と。たしかに、私もまとめることを手放していっしょに問い合うのですから、「落としどころ」がわかりません。ましてや、一つの方向に導かれることに慣れきっていた学生さんにとっては、どこに進んで行くかわからない不確実さの恐怖があったのかもしれません。
でも、回を重ねるごとにそのスタイルにも慣れて、他の人の考え方と自分の考え方を組み合わせ、関連づけられるようになると、「答えのない問いかけ」の面白さに引きずり込まれ、気づけば九〇分が過ぎていた。そんな感想を伝えてくれる学生さんも、何人もおられました。
最近の授業において、私がどのような立ち位置で関わっているかを端的に表現してくれたコメントもご紹介します。

生徒同士の議論の中でも発見はあったが、やはり竹端先生の問いを考え、議論することで新しい発見ができたり、自分では言語化が難しいことも竹端先生に伝えることで、自分がまさに言いたかったことに言語化し直してくれるので、そう！　それが言いたかった！　とモヤモヤが解消されることがあった。

学生たちが述べてくれた意見や授業で議論されている流れを感じながら、新たな「問い」を差し出す。そして、その議論の中で学生たちが述べてくれたことについて、「今伺ったこの発言って、こういう内容だと私は受け取ったのですが、私の解釈で大丈夫でしょうか？」とおたずねしながら、学生たちの言語化支援をする。それが、結果的には、一人ひとりが自分自身の考えを深める触媒になっていき、モヤモヤの解消にも役立つ。事前課題や教科書を読んでもわからなかった、仲間との議論でも見えてこなかった、次の「問い」やモヤモヤの進化・深化にもつながる。

一方的に授業をすることの限界を悟ったとき、羅針盤もないまま大海の荒波の中に飛び込んだ気分でした。その先に何があるかわからない、不確実な世界。でも、目の前でいっしょに授業をつくり上げる学生たちを信じて、彼ら彼女らといっしょに考え合うことによって、それまで自分自身が縛られていた枠組みや価値前提をも越え、一つのテーマに関して、教師と学生の枠を越えた協働学習を行うことができる。毎年同じテーマを取り扱っても、まったく別の議論が展開されていく。目の前の学生たちと共に、「いま・ここ」で考え合うからこそ、毎回新たな発見に満ち溢れて、私自身もワクワクする。そして、そのワクワクは、学生たちにも伝わっていく。そういう、相互変容の面白さを、感じ続けています。

あなたとわたしのデイリーワーク

私にとって授業は、間違いなくデイリーワークです。それと同時に、授業現場（フィールド）で出会った学生たちの声や授業の感想というフィードバックから学び、私自身のアプローチを変え、それを学生たちにもフィードバックしていく一連の行為は、フィールドにおける相互変容のプロセスそのものでもありました。その記述をする本章は(そしておそらくこの本全体が)、自分自身の実践や実体験を観察・分析して言語化する、という意味で、オートエスノグラフィー(自分を対象にした人類学的記述)なのかもしれません。

そして今回、デイリーワークにおける変容のプロセスを記述するなかで、改めて感じたのは、「あなたとわたしのデイリーワーク」という相互作用性です。一方的な授業をすることで、学生は寝る。それは、ある時点での一つの事実です。でも、それを「変えようのない、固定化された事実(matter of fact)」として受け止め、相手をなじるのではなく、この状態を変えるために教員の私自身がまず何をすればよいのかを考え、「変容可能性のある課題(matter of concern)」と捉え直して試行錯誤したところから、「物語」が始まりました。学生の「あなた」が寝るという形で拒否のメッセージを差し出してくれた。そのメッセージを拒否せずそのものとして受け取ったうえで、「あなたが悪い」と他責的に批判せずに、私はどう変わったらよいのだろう? と、あなたのメッセージに教員の私は応答した。そこから、「学生であるあなた」と「教員のわたし」による協働作業が始まりました。

さらに思考を深めるなら、授業における学生と教員の協働作業によって、授業という場そのものが変容していったのかもしれません。それまでは学生だけでなく、教員の私自身も、授業というのは教員が教え、学生は教わる、という一方通行の知識の伝達の場だと思い込んできました。実際、教室空間のデザインは、教壇があって黒板やホワイトボードがあり、固定的な座席がすべて教壇に向いて配置されており、一方通行の知識の伝達にふさわしい形で設計されてきました。最近ではグループワークやアクティブラーニングが広まってきましたが、それでも教員が考える望ましい答え＝正解を学生が忖度して答える、という雰囲気が支配的だったのだと思います。

一方、私が学生たちと共に一九年かけて授業という場＝フィールドで試行錯誤してきたのは、そのような抑圧的で一方的な場のセッティングをずらしていく、ということでした。学生がどんな発言をしても、「いま・ここ」の授業の場で話された内容だから、その発言を尊重して、その発言に基づいて、授業を展開していく。これは、文字通りの協働スタイルであり、教員が教えたい・導きたい方向性を手放すことで生まれてきました。

最後に、学生たちの声を二つご紹介したいと思います。

先生に対して何を言っても絶対に何か返してくれるという安心感があったのでどんどん自分の意見を言うことができたし、学生だけではなかなか生まれない切り口から質問をくれたのでとても有難かったです。

安心・安全な場づくりは、授業を抑圧的で一方通行な場から解放するうえで、必要不可欠でした。それを実感してくれる学生たちが増えてきたのは、本当にありがたい限りです。

今日当てられた人を見ていると（あるいはその人の話し方を聞いていると）、詰まりながらでもいいから自分の言葉でなんとか話してみようという変化が見えました。当てられていた人の中には、私から見て内気だと感じる友人や、以前グループ討論した時にずっと静かだった方も含まれていました。しかしその人たちの回答からは明らかに以前より〝らしさ（個性）〟が滲み出ていたうえに、先生に食いつかれても（笑）、怯まずに感じたことを述べていました。

「先生に食いつかれても（笑）、怯まずに感じたことを述べていました」というのは、先生に「忖度」することがデフォルトになっていた学生たちにとって、ものすごく大きな変化であり、こういう発言に出会えると、「なんとも素敵な感想だなぁ」としみじみ感じます。そう、私に忖度することなく、あなたが感じたことをなんとか話してみようとする。そこから、ほんまもんの協働作業が生まれてくる。あなたの「らしさ」と私のそれが重なるなかで、場全体が豊饒なものになる。

それが、授業という場における、あなたと私のデイリーワークの醍醐味なのかもしれません。

（注）「（理論）反転授業とは」『溝上慎一のホームページ』より　http://smizok.net/education/subpages/a00029(flipped).html

第2部

実存のフィールドワーク

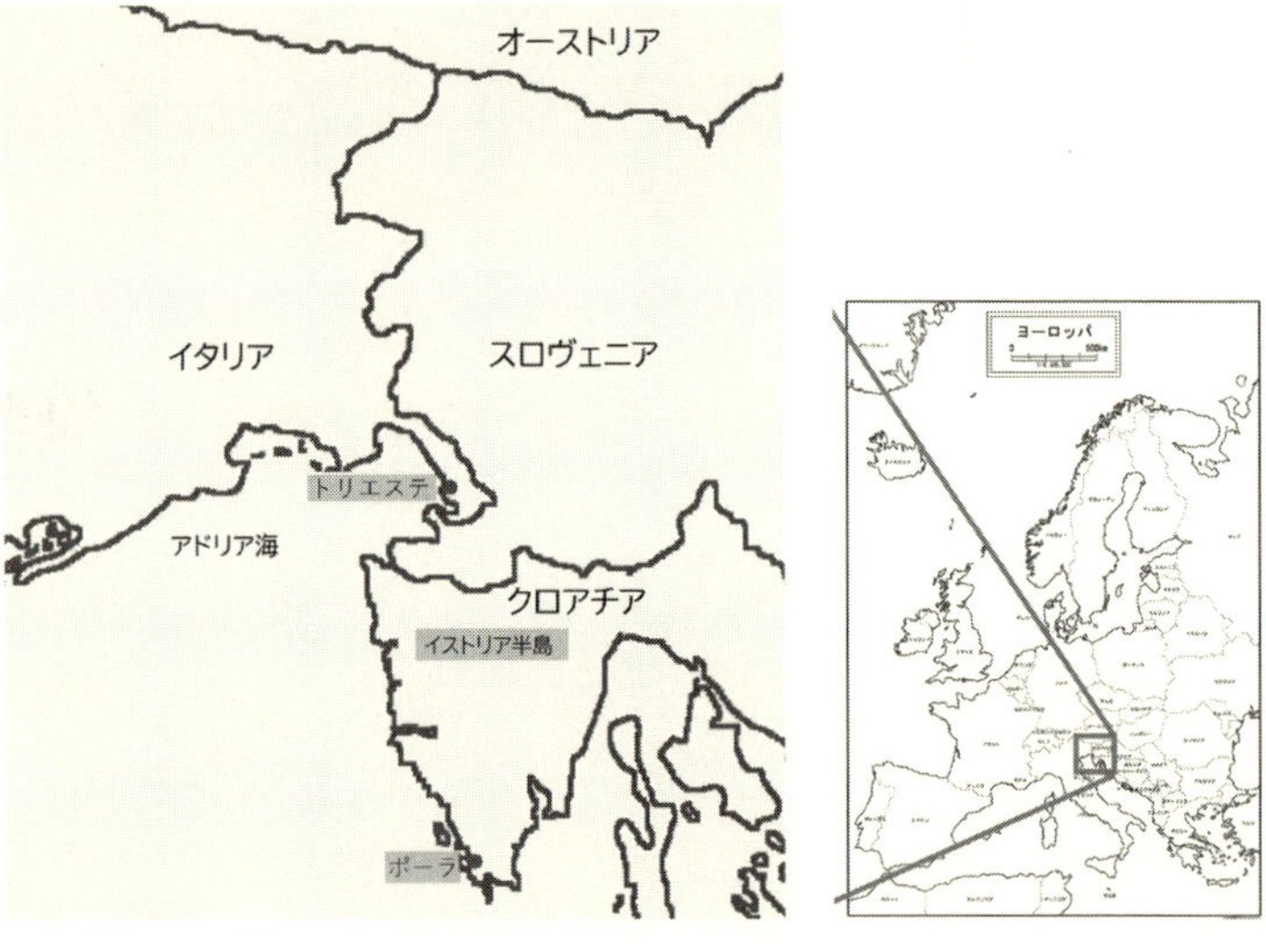

〔地図〕本章で登場する場所と地名

01 引き出しの中の記憶

鈴木鉄忠

この章では、将来の悩みを抱えながらイタリアでフィールドワークを開始し、やがて研究と実存が区別できなくなるまでの様子を伝えたいと思います。私の場合、調査計画書に基づいてフィールドワークを始めたわけではありません。むしろ好奇心や周囲の人びととの出会いのなかで、イタリアの国境地域を訪れるようになりました。結果的に、狭い意味での調査研究というより、自分自身の生き方の探究につながる「実存のフィールドワーク」になっていったのです。

大学院生の悩み

博士課程三年の春のことです。焦りました。業績と呼べる論文や学会発表が一つもなかったからです。「たくさん本を読めばそのうちに問題意識が生まれて、論文も書けるだろう」とどこかで思っていました。しかしそんなことはまったくありませんでした。通常の修了年限にあたる三年目で論文や発表がない人にとっては、博士号の取得は厳しい道のりです。奨学金の貸与の打ち切りが迫り、将来が見通せない現実が迫ってきました。

そもそも、研究テーマを一八〇度変えてしまおうかと悩んでいました。私は工学系の大学院に進み、数理社会学という分野を専門に研究していました。ですが「数量」よりも「生身の人間」のほうに関心があり、フィールドワークに大きな魅力を感じていました。「文転」するには今しかないかもと思いました。また同じ年代の大学院生は、数理研究への情熱とスキルを自分以上にもっている人がゴロゴロいました。この分野では太刀打ちできないと感じていました。

研究者の道を諦めるかも考えました。でも研究はおもしろいし、好きだし、続けたいと心の底から思いました。では一生を懸けて研究したいテーマは何か。そう考えたときに毎回思い出すことが二つありました。

一つは戦争への漠然とした問題意識です。小学校の時に原爆のアニメ映画を観て悲しい気持ちになったり、床屋の順番待ちの時間に読んだ『はだしのゲン』に衝撃を受けたりしました。「なんで戦争なんてひどいことが起こるんだろう」と幼心に思いました。不思議だったのは、父の部屋の本棚の蔵書がひどく偏っていて、趣味の鉄道関連の本（私の名前に「鉄」をつけるほどの鉄道好き）と、なぜか満州の本がたくさんありました。私は大学の卒業旅行で、実家の横浜から母の郷里の鹿児島・奄美大島まで西日本縦断の一人旅をしたのですが、旅の途中では広島と長崎、そして知覧の特攻平和会館に立ち寄りました。戦争に関する問題関心は断片的でしたが、人生の節目でふと顔をのぞかせる不思議な記憶でした。

もう一つは大学二年生の時に読んだ社会学の本でした。イタリアの島々を調査していた社会学の先生が担当していた少人数制のゼミで、当時はまだ日本で翻訳ラッシュが始まる前のジグムント・バウマンの『社会学の考え方』（初版）を輪読しました。その中でも「ナチス・ドイツによるユダヤ人の大量虐殺は近代化の帰結であり、私たちの社会はまだその総決算ができていない」という一節に衝撃を受けました。特にヒトラーのような「少数の怪物」より、アイヒマンのような「普通の人々」によってユダヤ人大虐殺がなされた事実に「信じられない！」と驚愕したのです。私が高校生だった一九九五年当時、オウム真理教による地下鉄サリン事件が起こり、実行者がアイヒマンのように「命令に従っただけ」と供述したこととともシンクロしました。

こうした問題意識は私の出自とも何かしら関連していたようです。私が育ったのは神奈川県郊外の新興住宅地で、団塊の世代の会社員の父と小学校教員の母、姉、私という、よくある昭和の四人核家族でした。不自由なく育ち、「真面目に頑張る」ことでほめられ、それが「よい人生」を送る秘訣だという価値観を自然と身につけていました。しかし「普通の人」によるユダヤ人大虐殺は、「真面目に指示に従うこと」が破滅的な事態を招くことを意味します。美徳だと思っていた価値観、それを体現していると思って尊敬していた両親の存在を否定されたようで、ショックを受けたのです。それ以来、「この社会はどこへ向かうのか」という困惑と疑問が消えなくなりました。

研究と将来の方向性に行き詰っていた私を見かねて、周囲の人びとはいろいろなチャンスを与えてくれました。中でも破格のチャンスは、指導教員の先生ではないのですが、勝手に師と仰いでいた先生が研究者代表を務めていたイタリア調査への同行でした。その先生はイタリアの離島と国境地域のフィールドワークが研究目的で、メンバーは各分野の一線で活躍されている大学の先生たちばかりでした。そこへ将来に悶々としている私がカバン持ちと事務の仕事を与えてもらい、金魚のフンのようにイタリアまでくっついていきました。

イタリア初訪問の二〇〇五年当時、第二次世界大戦から六〇周年の節目の年でした。初めて見たイタリア国境地域は、ヨーロッパ連合の地域統合でボーダレス化を進める最先端で華やかな一面がありましたが、国境地域に向かうと今なお過去の戦争の爪痕が残っているのがとても印象的でした。特にイタリア最東端の国境都市トリエステを訪れたとき、書店に入ると「忘れられた歴史」「否定された歴史」「悲劇」「分断」といった本ばかりが置いてありました。トリエステ郊外にはイタリア唯一のナチス・ドイツの収容所があり、それ以外にも戦争の痕跡が残る現場をいくつか目撃しました。トリエステのことをもっと知りたい、ここに住んで勉強したい、という意欲が湧いてきました。

帰国後にイタリア研究に舵を切ったと書きたいところですが、まだ迷っていました。イタリア語もほとんどわからないのに、この研究一本でやっていける自信がなかったからです。「ものになるかどうかは、挑戦してみないとわからないよ」と発破をかけてくれた先生や先輩たちの言葉をうけて、翌年に一人でトリエステに行くことになりました。博士課程四年目の初夏のとき、観光ビザで滞在できる最長期間までは滞在して、その後のことはその時に考えようと思いました。

イタリアへ発つ前に、大学院の指導教官の研究室を訪ねました。今さらなのですが、研究テーマを数理研究から完全に変えたいこと、半年間イタリアに調査に行くこと、そのために大学院を休学したいことを、初めて先生に打ち明けました。先生はゼミの学生に自由に研究をさせるタイプの人で、たいていは「どうぞ、やってみたら」と言うおおらかな人柄でした。しかしこの時ばかりは話が違いました。一通り話し終わると、先生は遠い目をして言いました。「私はこれまでたくさんの博士課程の学生を指導してきた。きみのように「研究テーマを変えたい!」という学生も少なからずいた。そしてその後彼らがどうなったかもすべて見てきた。そのような長年の経験から言う。イタリアに行くのは悪いことではない。でも今のタイミングですべきことではない。まずはきみが進めてきた数理研究をきちんとまとめて、博士号を取ってからにしなさい。このままだとどちらの研究もうまくいかないよ」

予想外の言葉に頭が真っ白になりました。「これまでの研究をものにできないまま、新しいテーマに手を出して、上手くいった人なんかない」という主張には説得力がありました。今イタリアに行ったら、自ら崖から落ちるようなものかもしれない。ですが、かつて選んだ道に引き返す気力は、もはや残っていませんでした。

結局、イタリアに行くことを選びました。トリエステでフィールドワークをしてみたい、いや、するんだ、という変な使命感が勝ったからです。ただし、先生のいうように、数理研究は止めずに続けることにしました。「二兎を追う」ことにしたのです。

休学届の申請に、再び指導教官の先生の研究室を訪れました。もう見放されるだろうと覚悟しました。ですが、先生は私の報告を聞いた後、「フィールドワークで使うだろうから、イタリアに持っていきなさい」と言って、携帯サイズのビデオカメラをプレゼントしてくれたのです。

その他にもいろいろな人がイタリア行きを応援してくれました。送別会を開いてくれた先生や先輩たちが餞別をおくってくれました。「こういう時のために貯めていたから」と言って、両親から金銭的援助を得ました。イタリアで成果をあげない限り日本には帰ってこられないと思いました。そんなガチガチに緊張した私を見て、ニューヨークのハーレム地区でフィールドワークの経験があった先輩は「たとえ成果が出なくても焦らずに。現地での貴重な体験をこれから何度も振り返ることがきみの糧になる」と手紙を書いて渡してくれました。

トリエステの日本人

二〇〇六年、トリエステ駅にひとり到着しました。強い日差しが照りつけて、市内バスは楽しそうな海水浴客でごったがえしていました。現地には友人知人は一人もおらず、泊まる場所も決まっていません。一番安かったユースホステルに滞留し、まずは住む場所を探しました。拙いイタリア語で「部屋を探しています」と不動産屋を訪ねても、「短期滞在の外国人に提供できる物件などありません」と門前払いされました。

トリエステに一人だけ知っている人がいました。トリエステ大学で歴史を教えるラウル・プポ先生です。イタリア東部国境の近現代史を研究する著名な歴史学者で、私がこのテーマに関心を抱くきっかけとなった本の著者でした。すがる思いでプポ先生にメールしました。すぐに返信をくださり、「もうすぐ卒業するゼミの学生がいる。彼の住むシェアアパートが一部屋空くかもしれないから聞いてみて」とのことでした。教えていただいた携帯電話にかけると、アパートに住んでいるイタリア人学生が出ました。一回聞いただけではとても覚えられない住所の地名や待ち合わせ時間を、何度も発音してもらいながら必死でメモを取りました。

こうしてイタリア人学生八名が暮らすアパートに転がり込むことに成功しました。この時に、生活が安定しなければ研究や調査をする余裕などないことを痛感しました。また、日常生活もフィールドワークのようだと学びました。他所の国で一人ぼっちになると、自分から動かなければ何も始まりません。誰かに教えられるのを待つのではなく、自分で状況を察知して動くというのは、フィールドワークも同じところがありました。

最初の一カ月は生活基盤を整えるのに苦労しました。ただ、頑張れば結果がついてくるのでやりがいがありました。しかし研究はそうはいきません。「二十世紀イタリア国境地域における戦争被害と住民体験」がおおまかな研究テーマでした。ですが、ここからどう深掘りしていいかわかりません。とりあえず現地に来ただけで、具体的なことは何も決まっていません。さらなる難題は、このテーマに日本人の私が取り組む意義は何か、でした。日本人がトリエステの戦争体験を研究するというのは、イタリア人が満州や沖縄戦の研究を行うようなものです。「なんできみがそんなことをやるの?」「イタリア人でも難しいよ」と不思議そうに言われます。語学力や背景理解が現地の人に及ばないなかで、このテーマに私が取り組む意義はどこにあるのか。それを見つけ出さねばなりません。

鳴かず飛ばずの一カ月半が続いたとき、チャンスが訪れました。毎朝読んでいた地元新聞の記事で、トリエステの市民団体が追悼ツアーを企画していることを知りました。その団体は、国境を越えた地域づくり活動をしており、第二次世界大戦で故郷を失ったイタリア系の当事者たちの集まりでした。勇気を振り絞って「参加させてください！」と代表者に電話しました。カタコトのイタリア語で突如電話してきた日本人の学生の急なお願いに対して、「いいですよ。明日の朝おいで」と答えてくださったのが、代表のリビオ・ドリーゴさんでした。

初めてお会いしたとき、ドリーゴさんは七六歳でしたが、白髪に白いひげを蓄えた壮健な男性でした。眼光は鋭いけれども、笑う時のやさしい表情が素敵な方でした。元獣医で動植物に造詣が深く、人心をつかんで話すのが得意で、歩く哲学者のようでした。「ドリーゴが話すと、言葉が通じなくても気持ちが伝わる」と言われ、一〇〇名以上の会員を有する団体を束ねるリーダーとしてまわりから慕われていました。お茶目なところもあり、私を見ると「サムライ」「ハラキリ」「カミカゼ」と呼んで周囲を笑わせたりしました。そんなドリーゴさんにすっかり私は魅了されました。

ドリーゴさんは現在のクロアチアのポーラという港町の出身で、日本でいうと横須賀のような軍港でした。第二次世界大戦直後の一九四五年当時、ポーラの町では、イタリア人とユーゴスラヴィア人の民族対立が激しくなり、命の危険を感じたイタリア系住民の九割以上がポーラを永遠に去る決断をしました。その中に当時十代だったドリーゴさん家族がいました。一九四七年にポーラはイタリアの地図から消えて、ユーゴスラヴィアに「プーラ」として正式に編入されました。

ドリーゴさんが代表を務めるのは、チルコロ・イストリア文化会という市民団体でした。「チルコロ」は日本でいう文化サークルや同好会にあたります。「イストリア」は半島の地名です。他にも同じような当事者団体がトリエステには五つほどありました。全国に支部をもつ大規模な当事者組織があれば、極右政党と結びついたグループもありました。日本でいえば満州引き揚げの当事者団体に近いです。イタリア国境の戦禍を国民の記念日にする運動をしたり、「野蛮なユーゴスラヴィアの犠牲になった無実のイタリア人」という主張を政治的に利用したりする団体が幅を利かせていました。そのようななかで、チルコロ・イストリア文化会は唯一、国境を越えた交流と多民族共存を掲げて、文化活動を進めていました。

引き出しの中の記憶

チルコロ・イストリア文化会と知り合って二年半ほど経った時のことです。イタリアとスロベニアの国境が接する小さな町で、「引き出しの中の記憶」という会合が開かれました。戦後六〇年以上経過しても、戦時の混乱期になされた非合法の残虐行為をはじめとして、トリエステを含む国境地域には「論争を巻き起こす事件」「タブーの歴史」「忘れられた事実」が数多くありました。いや、何十年も経ったからこそ、これまで語られてこなかった事実が明るみに出てきた時期でした。

〔写真〕イタリアとスロベニアの国境にて。一番左がドリーゴさん

この会合でドリーゴさんは、チルコロ・イストリア文化会が自費出版したばかりの「自分史」について語ることになっていました。

私はトリエステから市営バスを乗り継いで会合のフィールドワークに向かいました。終点のバス停から小走りで会場に向かうと、数名の警官が巡回する姿が目に入りました。文化会が主催するイベントに警官がいるのは初めてのできごとで、思わず身震いしました。

会場入り口には、ドリーゴさんの自分史が三〇冊ほど平積みされていました。扉のページには「私の故郷の町ポーラは、七つの国旗の下――フランス、オーストリア、イタリア、ドイツ第三帝国、英米連合軍、ユーゴスラヴィア、クロアチア――の統治におかれました。

そのなかで暴力、殺人、空爆、粛清、追放、爆発、虐殺、故郷喪失が起こったのです。戦争と蛮行の犠牲になった無実の人びとにこの小冊子を捧げます。彼らの永遠の記憶の中に、永久の平和が築かれ、その受難から人びとの和解が成し遂げられますように」と書かれていました。

講演会が始まりました。八〇名程度収容できる部屋にはすでに多くの人びとが集まっており、警官と地元テレビ局の存在が会場に異様な緊張感をつくり出していました。慣例のあいさつが終わり、マイクを渡されたドリーゴさんは次のように語り始めました。

私もだいぶ歳を取りました。もう八〇歳です。このささやかな自分史は、私の故郷の町ポーラで起こった二十世紀のできごとについて語った、一つの証言です。

ドリーゴさんの話は次第に緊張感を帯びた内容になっていきました。

幼い頃、私はファシズムの大義に忠誠を誓い、ムッソリーニ総統の命令に従い、「自らの血をファシズムの革命に捧げねばならない」と教わりました。私はファシズムの神話を生きた軍国少年だったのです。一三歳のとき、一九四三年七月二十五日のファシズム崩壊、九月八日の休戦とレジスタンスを迎えました。ナチス・ドイツ軍の兵士が人びとを追放するのを見ました。爆撃も目撃しました。ユーゴスラヴィア軍の統治下では、イタリア人ばかり一〇五名の海水浴客が不可解な死を遂げたのも目撃しました。これは一九四六年の「戦後」に起こった事件でした。そして家族で故郷を離れたのです。一九四七年、私が一七歳の時でした。

ドリーゴさんが「幼い頃にファシズムを信じていた」と語るのは異例でした。まずもってファシズムの話題自体が論争を呼び起こすものなので、公的な場では語らないのがこの地域の暗黙の了解になっていました。もし話せば、イタリアの極右から極左まで、そしてマスメディアから地元局まで、さらに隣国の外交関係者やメディアや市民団体も、黙ってはいないからです。それに、平和を掲げる文化団体の代表が「ファシズムを信じていた」と言うこと自体、誤解を受けかねない危険な発言でした。敵対団体からの攻撃や支持団体からの非難がありうるからです。さらにドリーゴさん個人としても、これまで築いてきた周囲からの信頼を失いかねないことでした。それらすべてをひっくるめて、心の引き出しの中の偽らざる実存の記憶をドリーゴさんは証言したのでした。

幸いなことに、会場から非難の声や攻撃的な言動が起こることはありませんでした。それはファシズムを冷静に議論できるまでに地域の理解が熟してきたことの表れでもありました。にもかかわらず、なぜリスクを冒してまで自分のファシズム体験を証言したのだろう、という疑問が私には残りました。

講演会の翌日のことです。チルコロ・イストリア文化会の会員と私は、イストリア半島のある街を訪れました。この時は公の行事ではなく、文化会の主要メンバーだけの打合せでした。昨日のピリピリした雰囲気とはうってかわって、みなさんリラックスした表情でした。

待ち合わせ場所に向かう道の途中でドリーゴさんに会いました。紺色のシンプルなセーターからシャツの襟をのぞかせるいつもの格好で、ベレー帽をかぶっていました。昨日の講演会の疲れを見せず、調子はよさそうです。「見てごらん。トリエステのスロベニア系マイノリティの新聞だ。昨日の講演会が一面で載っているぞ!」と、ドリーゴさんはニコニコしながら私に新聞を手渡します。スロベニア語の読めない私でも、講演会の記事と写真が大見出しで載っているのがわかりました。私は先ほど購入したトリエステの地元紙にも当然載っているだろうと思い、紙面を開きました。ところが記事はどこにも見当たりません。ドリーゴさんは「トリエステの「イタリア語の」新聞には一言も書いていないよ。まったく……」と顔をしかめて言います。地元メディアは複数来ていたので、トリエステの地元紙の記者がいるのが自然です。しかし、ファシズムに関する「炎上」しそうな記事は載せないほうが無難、という新聞社の判断があったのかもしれません。

思いがけずドリーゴさんと二人きりになったので、なぜ会合に警官がいたのかをさりげなく聞きました。「昨日は会場にイタリア人の極右主義者とスロベニア人の極左主義者が両方来ていたんだよ。ほら、新聞の写真のここに座っている人物だ」との解説です。政治的にマークされている人物が来ていたため、警官も同席していたのでした。そしてもう一つの疑問、なぜドリーゴさんが自分のファシズム体験をあえて話したのか。この疑問は、心の引き出しにふれる質問のために気が引けてしまい、尋ねるチャンスを逃してしまいました。

歩きながらの会話が続きます。「そういえば大学の勉強はどうだい？ へえ、地域史の試験で合格点をとったのか。すごいじゃないか」とドリーゴさん。「プポ先生を含めた地域の歴史家から、この国境地域で起こったできごとをヨーロッパの文脈、さらに二十世紀の文脈の中で理解することが大事だと繰り返し教わりましたので、難しいですが学んでいる最中です」と私。するとドリーゴさんは「もちろんだよ。ここだけではなく、二十世紀のナショナリズムによって、ヨーロッパが、そして世界が壊れた。アジアだってそうだろう。特にきみは、韓国や中国や東南アジアで日本がしたことを忘れてはならないよ」と返答しました。個人的な体験であれ、そうでないできごとであれ、より広い世界と時代に位置づけて語ろうとするドリーゴさんの姿勢は、終始一貫していました。そうした姿勢は、事件それ自体を切り取ってセンセーショナルに語るメディアや別の当事者団体のスタンスとは、決定的に違うものでした。

やがて文化会のメンバーが集まり、事務局長のファビオさんの車に五人が乗り込みます。車に乗るとすぐに、ドリーゴさんは「見てごらん！　昨日の記事が新聞に載っているよ！」とうれしそうに報告すると、スロベニア語のわかるルチアさんは「講演会の内容から、警官が来たことまで書いてあるわね」と頷きました。この話題で話が盛り上がった後、「そういえば今日は他にも二人ほど主要メンバーを誘ったんだけど、仕事で来られないって。残念だね。若い人はみんな仕事だ」「私たち年金暮らしは時間があるけどね」という内輪話になりました。現在の主要メンバーは戦争を直接体験した第一世代でしたが、次の世代へのバトンタッチを考えているところでした。

トリエステから南東へ車は向かい、イストリア半島に入ります。途中でスロベニアとクロアチアの二つの国境を陸路で越えて、一時間半ほどで目的地に到着しました。予定していた用事は一時間ほどで無事に終わり、お昼の時間になりました。アドリア海に面した海の幸を提供する地元レストランでにぎやかに食卓を囲みます。文化会のメンバーは気心知れた仲間の会話となり、方言まじりの会話になります。私は端席にちょこんと座りつつも、話題に置いてきぼりにならないよう必死で耳を傾けていました。

食事も終わりに近づいた頃、ドリーゴさんがかしこまった様子で話を切り出しました。「ちょっと真面目な話。私はこれまでのチルコロ・イストリア文化会の活動が熟してきていることに満足している。ヨーロッパレベルの事業の一端を担うあと一歩のところまできた。（みんなから拍手があがる）ただ一つ気がかりなことがある。私はもう八〇歳だ。ここにいるファビオもコロンボもそんなに若くはない。後を継いでくれる人をどうするかだ」。
まわりから何人かの名前が挙がり、評価や意見が飛び交います。その場では最終的にある一人の名前にまとまりましたが、議論は尽きない様子でした。「とにかく、私たちの未来は、若い人たちに託す。そのために私たちは、できるところまでやるだけだ」と話してドリーゴさんは席を立ちました。
レストランを出て、ゆっくり歩いて駐車場へ向かいます。ドリーゴさんは若い人へのバトンタッチの話題を続けました。そして話の流れが昨日の講演会に向かった時です。引き出しの中の記憶にドリーゴさんの意識が向かいました。「戦争のとき、私はまだ十代だった」と言いながら、ドリーゴさんは軍帽をかぶり、剣を持つ動作をしました。

ファシズムの帽子、バッジ、武器といった一式を身につけるよう言われた。（敬礼のしぐさをして）「ムッソリーニは私の血である！」 私はそう教えられた。そして私はそのことを純真に信じていたのだよ……。

誰に言うでもなく話すドリーゴさんの丸まった背中を見て、私はなんだか哀しい気持ちになりました。このような体験をドリーゴさんに植えつけた戦争に対してやり場のない憤りを覚えました。その時です。隣にいた私を見て、ドリーゴさんは不意に驚いた表情をしました。それから困惑した表情に変わり、こう言ったのです。

そうだ、今思えば、あの時の私は「カミカゼ」と同じだったのだ……天皇のために特攻隊員として命を捧げた日本の若者と同じだったんだ……。

続けてドリーゴさんは、こうつぶやきました。

私は昨日の講演会で話したことを、自分自身で受け入れるのに苦労した。時間はかかったけれども、乗り越えたんだよ。だから昨日のように話せたのだよ……。

私にとってドリーゴさんは、困難に立ち向かうヒーローのような存在でした。しかしこの時は、弱さや脆さももったひとりの人間としてのドリーゴさんの素顔がありました。心の奥の引き出しから取り出した記憶が、戦時中を生きた日本の若者たちと同じ過去だったかもしれないことを、ドリーゴさんは突如発見したのでした。

私は初めてドリーゴさんの心の引き出しに手をかけた気がしました。ドリーゴさんが十代の頃から心の奥にしまっていた暗い時代の記憶と同時に、そこから脱出しようともがいてきた長い道のりがありました。講演会という公の場で「内なるファシズム」を告白したのは、次の世代を意識したものでした。引き継がれるものの中に、真実でないものや嘘が混じってはならない。そして自分自身に嘘をつきたくない、というドリーゴさんの誠実さがありました。

次世代として想定されていたのはトリエステ地域の若い人びとでしたが、日本から来た私も無関係ではない。少なくとも私はそう感じました。私の中で何かがつながった気がしました。遠い日本から来た者が、イタリアの国境地域で学ぶことにどんな意味があるのか。八〇歳のドリーゴさんから故郷喪失の体験を聞くことは、自分の祖父母に満州での戦争体験を聞くことと深い点でつながっているかもしれない。歴史的にも一九三〇—四〇年代の同時期に、地中海ではイタリアが、太平洋では日本が戦争を開始し、敗北したという点で同じでした。その大文字の歴史と個人や家族の物語の延長線上に「次の世代」がいることになります。それはイタリア人や日本人ということではなく、二十一世紀を生きる人びとという点では地続きなのでした。

メビウスの帯

留学ビザが切れて二〇一〇年に日本に帰国した後、それまでのように長期のフィールドワークはできなくなりました。年一回程度の短期間訪問を繰り返して調査を続けました。「引き出しの中の記憶」の講演会から五年後にトリエステを再訪した時のことです。チルコロ・イストリア文化会が出した本の書評会が開かれました。その本は『私は立ち去った』という題目で、なんらかの理由で故郷を離れた人びとの体験をインタビュー形式で収録したものでした。ドリーゴさんも自身の体験を寄せていました。会場となった書店の一室に一五名ほどの聴衆が集まり、落ち着いた雰囲気の中で書評会が始まりました。さらに歳を重ねたドリーゴさんでしたが、いつものはりのある声で語りました。

私は三〇歳頃の一九六〇年代から、立ち去ったポーラとイストリア半島に足を運ぶようになった。でも大きな葛藤がある。「立ち去る」という体験はトラウマを残したからだ。ローマに移り住んだ後も、愛憎半ばする思いを引きずってきた。それを乗り越えることができなかった。

だけど、イストリア出身の作家で、チルコロ・イストリア文化会の創設者の一人でもあるフルヴィオ・トミッツァの小説との出会いが、故郷との再会を可能にしてくれた。イストリアの景観をもう一度つくり直すことで、自分のアイデンティティを再びつくり直していった。木や土が傍にあることで呼吸ができるように、自分の景観があることで自分も呼吸をすることができた。欠けていたものをチルコロ・イストリア文化会の活動を通じて手に入れることができた。今進めている国境を挟んだ公園づくりはまさにその試みだ。これがトミッツァたち先代からのメッセージだと受け止めている。

「国境を挟んだ公園づくり」の現場が、この節の九三頁に載せた写真です。書評会が終わりに近づいた頃、司会の方が「私たちとはまったく違う視線をもちながらこの地域を知ろうとやってきたスズキに一言お願いしたいと思います」と述べ、私にマイクが渡され、こう答えました。

日本から来た私はこの土地の出身ではありません。ですが今日のお話を聞きながら、「近さ」を感じていました。というのもドリーゴさんのお話は、まるで自分の祖父母から話を聞いているような気がしていたからです。

イタリアから日本に戻ったとき、私は自分の家族史を調べ直しました。そこで改めて気がついたことを伝えました。

私の父方の祖父母は、一九三九年に日本が統治していた中国東北部の満州に移住しました。祖父は私が中学生の時に急死したこともあり、当時のことを直接聞くことはありませんでした。祖母は少し話してくれましたが、子どもの私には大部分はわからないままでした。しかし祖母は生前に『自分史』を書き残しました。そのおかげで祖父母がどのように生きていたかを知りました。

一九四五年八月に敗戦を迎えたとき、祖父母は満州最東端の牡丹江という場所にいました。一家でソ連軍から命がけの逃避行を試みました。その時に授かった長男は栄養失調で息を引き取りました。出生届を載せた日本本土への船も沈没しました。翌年に無事日本に帰還し、福岡で次男を授かりました。それが私の父でした。

大学生の時にこの事実を知った私は、深い衝撃を受けました。もしもあのとき何かが違っていたら、父はこの世におらず、私は存在しなかったのではないか、と。

祖母は満州での喪失体験を心の引き出しに長い間しまっていましたが、なんとか消化しようとして自分史を書いたのだと思います。自分のために書いたのだろうけれど、おそらく孫にも何かしら伝えるために書き残したのでしょう。チルコロ・イストリア文化会に出会って、そう思うようになったのです。

私の祖父母がユーラシア大陸東端の満州から福岡行きの船に乗ったとき、ドリーゴさん一家はユーラシア大陸西側からイタリア行きの船に乗ったのでした。どちらも片道切符でした。私の祖父母にとっては数年暮らした異国の植民地から日本への引き揚げでしたが、ドリーゴさん一家にとっては何世代も暮らした家と故郷の喪失であり、「見知らぬ故国イタリア」への移住でした。

この時に「なぜ日本人のきみが、イタリア人もやらないテーマをやるの?」に回答できるかもしれない、と思いました。日本とイタリアという、二十世紀初頭にユーラシア大陸の東端と西端で生まれた二つの帝国の興亡が、地域の人びとに何をもたらしたのか。この二つを同時に考えることができるからです。(注) 当初は「あちら側」と「こちら側」で別の舞台だったイタリアと日本が、トリエステでのフィールドワークと出会いを通じて、一つに重なるようになりました。研究と実存がメビウスの帯のように区別できなくなっていきました。なぜならドリーゴさんの話を聞くことは、調査研究のためだけでなく、自分の祖父母のルーツを理解することにもつながっているからです。

(注) こうした着想をもとに書いたのが、拙稿「「帝国の解体期」における日本とイタリアの国境問題:紛争解決論による沖縄とトリエステの比較分析」『アジア太平洋レビュー』(一三号、二〇一六年)、「「帝国の未清算」としての国境問題に関する一考察」『大阪経済法科大学アジア太平洋研究センター年報』(一三号、二〇一六年)、「国境島嶼における平和裏の戦争状態―「同時代のこと」に応答する石垣島の反基地運動」『〝臨場・臨床の智〟の工房』(新原道信編、中央大学出版部、二〇一九年)、「「非常事態」を名付け直す―国境地域における危機と〝臨場・臨床の智〟」『地球社会の複合的諸問題への応答の試み』(新原道信・宮野勝・鳴子博子編著、中央大学出版部、二〇二〇年)になります。

〔写真〕毎朝、子どもたちは朝礼が終わると水を汲みに近くの池までバケツを持って出かけます。水を汲むのは子どもたちの仕事です

02

行った先で習いなさい

――彼女たちとの出会いを通して見出されたもの

高橋真央

はじめに

気がつけばあの頃から二〇年以上の歳月が流れました。その間、私は研究や仕事を通して、多くの女性たちに出会ってきました。

これまでのフィールドワークや語らいから、彼女たちが対峙している現実の中で「女性として生きる」ことの過酷さを知りました。時には、その現実に言葉を失うこともありました。ただ、私が出会った彼女たちには、抗えない現実を受け入れながら、自らの力で人生を切り拓く覚悟がありました。

本章では、これまでのフィールドで出会った女性たちが私に教え、導いてくれた先にあった気づきについて書いていきたいと思います。

ケニアでのフィールドワークから

二〇〇一年九月。アメリカで同時多発テロが起こり、世界中がテロの脅威に怯えている頃、私は修士論文作成のために、ケニアのグレートリフトバレー（大地溝）にあるマサイ族の集落や小学校でフィールドワークを行っていました。

サバンナの中にある細長い校舎。手作りの校庭の真ん中には大きな給水タンク。教科書のように数学の公式や地図が描かれている廊下の壁。窓から差す太陽の光だけが頼りの教室。そこでぼろぼろの教科書を手に静かに授業を受けている子どもたち。彼らは、朝はニワトリの声と強い日差しで目を覚まし、手の平にのる程度の水で顔を洗う。夜は満天の星を眩しく感じながら、ランプの光の下で眠りに就く。

夕暮れ時には、シマウマが群れをなして駆け回り、牛飼いの少年が牛の群れを連れて家路を急ぐ。マサイの女性たちは大家族のために夕餉の支度をし、その隣で子どもたちがきょうだいの面倒をみる。このフィールドに入った当初、ここで目にする光景の一片でも日本では体験したことがなく、この不便さの中で自分が果たして生活していけるのかという不安を抱えていました。しかし、太陽の動きに合わせてゆっくりと時間が流れる暮らしを送るマサイの人びとに、いつしか私は羨ましさを感じていました。

そんな日々の中でも、印象的だったのはやはり女性たちのことです。彼女たちは、私が一方的に抱いていたマサイの女性たちのイメージをあっという間に覆してくれました。放課後の自由時間、いっしょにバレーボールをしたり、教室を掃除したりしながら交わすおしゃべりから、私はマサイの女性としての誇りや文化を彼女たちから教わりました。そして、彼女たちは、ファッションや化粧のことに始まり、将来勉強したいことや就きたい仕事、そして家族のことなども、ティーンエージャーとして抱える悩みや迷いも含めて、私に率直に話してくれました。

このフィールドワークでは、マサイという伝統的世界の中で、近代的学校教育を受けている女子生徒の学校観や将来像を明らかにすることが目的でした。二四名の少女たちを対象に行ったインタビューでは、家庭環境として両親の職業や教育体験、彼女たちの将来の夢や進学希望について聞きました。

最高学年（八年生）に在籍していた少女は、父親には母親以外に三人の妻がいて、自分には七人の兄弟がいることを話してくれました。そして彼女の将来の夢は、大学に行き、働くことであり、何より高い給料をもらえる仕事に就きたいということでした。

学費の支払いが難しくなり、一年前に私立学校から転校してきた六年生の少女は、この学校での寄宿生活の楽しさを教えてくれました。ここで勉強し、友人と過ごしている日々が充実していると話し、将来の夢は医者になることであり、そのためにはナイロビの中等学校に進学したいという希望を語ってくれました。

彼女たちが私に教えてくれたのは、中等学校に進学し、大学を卒業して、都会でキャリアウーマンになること、お洒落を楽しみたいこと、素敵な男性と結婚して経済的に豊かな生活を送りたいこと、といった日本の少女たちとまったく変わらない願望でした。日本から一万キロ以上も離れた地まで出かけてフィールドワークを行ったにもかかわらず、特筆すべき結果が得られなかったことに対して、私はかなり落胆しました。「こんな結果なら、ここまで来る必要はなかったのではないか?」とすら思ったほどでした。

このように生き生きと将来の希望について語っていた彼女たちでしたが、ある質問に及んだ時には、自分の人生を主体的に生きたいという彼女たちの覚悟を特に強く感じさせられました。それは、母親の存在について尋ねた時のことでした。彼女たちは、伝統的マサイの世界の中で生きる母親を尊敬しながらも、同じ生き方はしたくないときっぱりと答えたのです。それは、彼女たちが自分の結婚相手は自分で見つけたいという意志を強くもっていることの表れでした。伝統的社会にいるマサイ女性の生き方や文化を認めながらも、彼女たちは男性と女性は不平等であり、意思決定をする場面では、常に女性は実権を握る男性の意見に従わざる得ないというマサイの文化があることを批判していました。そして、女性の将来の選択肢は非常に限られていると憂いながら、私に語っていた姿が今でも印象に残っています。

彼女たちとの語らいを通して、どんな地域であろうとも、どんな状況下であっても、同年代の少女たちが同じような思いを抱き、将来に夢や憧れをもって、女性として自律して生きようとしていることにこそ真実があるのだということに、私は初めて気づかされました。

しかし、彼女たちが対峙する障壁は、日本の女性や少女たちの想像をはるかに超えるものでした。家庭や経済的事情で中等学校への進学を断念せざるを得ない生徒も多く、最終学年を待たずに親が決めた男性と結婚・出産をし、学校を中退してしまう女子生徒もいました。フィールドで出会ったある若い女性は、腕の中に生後間もない赤ちゃんを抱え、マサイ女性の民族衣装をまとい、マサイの集落の中で生活をしていました。十代半ばですでに自分の夢を諦め、第二夫人として自身の家庭をもち、母親としての役割を果たそうとしている女性がいる。かたや、日本からの大学院生として研究のためにケニアまでやって来た二十代未婚女性の私。一体彼女の目に私はどのように映っているのだろうか、と考えずにはいられませんでした。そして彼女を前にして、常に自分のやりたいことを優先し、自分の判断で行動していることに、私は身の置きどころのなさを感じていました。

同時に、現実に「抗う」というよりも、自分に与えられた運命を受け入れながら主体的に生きる彼女たちの姿勢に、私はマサイの女性の強さとしなやかさを垣間見ました。

彼女たちはこうした状況におかれながらも、学ぶことに意欲的であり、自身のアイデ

〔写真〕インタビューに応じてくれた女子生徒たちと

ンティティであるマサイ女性としての伝統的な慣習を受容しつつ、主体的に自分の人生を切り拓こうとする気概をもっていました。同級生が次々と学校を辞めていくなかで、小学校で学ぶ彼女たちは「勉強し進学すること」によって、伝統的マサイ社会から抜け出し、自身が憧れる物質的に豊かな環境の中で生きることを選び、そのために様々な努力をしていることに改めて驚かされました。

　滞在中、先生や生徒たちから「マオ、なんであなたは日本からこんな遠くまでやって来たの？　こんなところに一体何があるの？」と何度も不思議がられながらこのような質問をされました。たしかに彼女たちからすれば、ある日、日本から一人の若い女性が現れ、授業に参加したり、生徒や先生と話をしたり、毎日学校から数キロ離れた生徒の家を訪問したりするのは、理解しがたいことであったと思います。今から思えば、フィールドワークの技法も大変危なっかしいものでした。それにもかかわらず、彼女たちは、日本から来た不思議な若者を自分たちのフィールドに受け入れ、もてなし、語らいの機会を惜しむことなくつくってくれました。

フィールドでの日々を重ねるうちに、彼女たちと出会う前に自分が築き上げてきた価値観や考え方は偏ったものであることに気づき、それに囚われて研究を進めてきた自分自身を猛省しました。フィールドに出かける前に目を通した論文や本、そしてデータからある程度の知識を詰め込んでいた私ではありましたが、その地に住む彼女たちの夢や希望、そして悩みや迷いと共にあるマサイ女性としての誇り、この地で生きることへの覚悟といった心の葛藤に、思いを馳せることはできていなかったのです。ケニア、日本、そして世界中どの地であろうとも、その土地で生きる女性たちが感じる喜びや楽しさ、苦しみや悲しみがあり、そこで生きるがゆえに与えられる様々な試練があることを、私は彼女たちから教えてもらいました。

このように、ケニアでのフィールドワークでの一瞬一瞬の体験の積み重ねによって、私は彼女たちのリアルな声と日常に触れることができました。一万キロ以上離れた何もないサバンナにまでやって来なければわからなかった女性たちの夢や生き方が、そこにはありました。この経験を通して感じたのは、世界がどのような情勢になろうとも、あらゆる少女や女性たちもまた、常に学ぶ機会を得て、希望をもち、生きていくことが必要なのだということです。そして彼女たちの将来への扉を開く唯一の鍵が教育であることを、このフィールドワークから学びました。これが私が「女子教育」を研究対象、そしてライフワークとして考える原点となりました。

日本におけるアフガニスタン支援のフィールドから
――「平和とはどんなものか、ようやくわかった気がした。ありがとう」

二〇〇五年から二〇一〇年までの五年間、私は大学教員として東京にある国立の女子大学でアフガニスタン女性支援事業に関わりました。この支援事業は、百年に及ぶ日本における女子高等教育の歴史を有する国私立の五女子大学(注)がコンソーシアムを結成し、日本政府のアフガニスタンの復興支援事業の一つとして女子教育分野で貢献することとなったものです。

その頃、JICAの研修事業で、アフガニスタンから毎年一〇~二〇名に及ぶ女性教員が研修員としてやって来ました。彼女たちのほとんどは、タリバン政権崩壊後に初等中等学校の校長や教頭、指導主事に着任した管理職でした。

この研修は、タリバン政権下で女子への教育が禁止されていたことから、新政権の重要課題でもあった、女子の初等教育就学率と教育の向上を目的に行われました。女子教育の推進をはかるためには、実際に彼女たちが日本の女性教員と話し、女子教育の現場を訪問することが重視されました。

研修期間を共にした私は、アフガニスタンで彼女たちが女性教員として働いてきた過酷な状況を何度も聞くことになりました。女性が一人で外出することも、働くことも許されないなかで、少女たちへの教育を使命と感じ、自宅で密かに授業を行っていたこと。それが見つかれば、本人のみならず、家族（父親や夫）も弾圧の対象となり、捕らえられることもあったこと。まさに命がけの行為として、彼女たちは少女たちに向けて教育を行い続けていたのです。

ある日、研修の一環で、第二次世界大戦中・戦後の日本について展示されている昭和館に研修員を連れて行った時のことです。戦中の苦しい暮らしぶりとして、子どもたちの日記や当時の食べ物や着物などが展示されていました。物がない戦中の日本の状況に、これまで見聞きしたことがあった私ですら、言葉を失うことがありました。

東京大空襲や焼け野原になった東京の様子が展示されていたところで、研修員たちが壁一面にわたる大きな写真の前で足を止めました。「これはどこですか？」という質問が私に向けられました。それは、一九四五年当時の焼け野原になった銀座数寄屋橋の写真でした。数十年前の東京の写真だと告げると、彼女たちは「今のアフガニスタンと同じ景色がここにあります。本当に、これが昔の東京だったのですか？」と、その後も何度も私に尋ねました。

この一枚の写真が彼女たちに多くのことを語りかけ、勇気づけたようでした。昭和館を出る時に、彼女たちは「あれが本当に数十年前の日本であったのなら、アフガニスタンも数十年後には、私たちが目にしているこの東京のような繁栄と復興がもたらされるのだと知りました。私たちの国も日本のような国になれるのだということが、ここに来てわかりました」と語ってくれました。

そして三週間に及んだ研修最後の日、研修員の一人の女性が語ってくれた言葉が私の心に強く突き刺さりました。


平和とはどんなものか、ようやくわかった気がした。日本に来て本当によかったです。タシャクール（ありがとう）。


彼女たちが帰国した後も、この言葉が私の頭からずっと離れませんでした。アフガニスタンから数千キロ離れた日本にやって来なければわからなかったものが「平和である」ということに私は衝撃を受け、改めてその意味について考えさせられました。

それまで、私にとって「平和」とは「何も起きていないこと」であり、そして特に何も起きない「今」の状況は「平和である」のだろうと漠然と思っていました。しかしながら、彼女の語った「平和とはどんなものか、ようやくわかった気がした」という言葉の奥深くにある彼女たちが向き合う「現実」は「平和」とはほど遠いものであること、そして「平和である」ことすら想像できない状況下にあることを知り、私は言葉を失いました。また、曖昧な「平和」像しかもてていなかった私自身の無知と無力さに、愕然としたのでした。

彼女は、続けて私にこう言ってくれました。

日本に来て、女の子が男の子同様に学校に通い、楽しそうに勉強している姿を目の当たりにした。女の子たちが自由に生き生きと学び、駆け回り、生活をしていることを知った。そして、大学で女性たちが意欲的に学んでいる姿を知った。それが決して特別ではないことを学んだ。どれだけの時間がかかるかわからないが、日本のように少女たちに向けての学校をつくり、いつか日本のような教育を行えるように私たちも頑張りたい。日本の女性たちがこのように私たちのことを応援してくれていることも知ることができたのだから。

限られた日々ではありましたが、彼女たちの目に映った研修先の日本では、紛争下のアフガニスタンでは見たことのない景色が繰り広げられていました。林立する高層ビル、整備された鉄道。豊富にある食料や店に並べられている多様な商品の数々。誰もが爆撃やテロの恐怖に怯えることなく、女性たちはもちろんのこと、子どもからお年寄りまで、穏やかに、忙しく、働き、学び、生活を送っている日々。そして、女子学生たちが将来のキャリアや希望を自由に語り、それを応援するための整った環境。同じ地球上、同じ時間軸の中で生きているにもかかわらず、自分たちが命がけで守り抜いてきたことを、日本では当然の権利として人びとが享受し生活していることに対して、彼女たちが焦燥感を抱いていたことを、私もまた肌で感じました。

アフガニスタン研修事業に関わった経験は、四〇年に及ぶ紛争下のアフガニスタンで生きる女性たちの教育を通して国造りにかける情熱、未来に対する希望に触れた瞬間でもありました。彼女たちを取り巻く現実には、楽観できる要素はほとんどなく、帰国後も自分たちの使命を全うするために、過酷な日々が待ち受けていることは、想像に難くありませんでした。女性であるがゆえに抱える様々な問題、そして制限される生き方。日本の女性たちが手にしている「自由」とはほど遠い状況の中で貧困と向き合いながら、彼女たちが果たすべき役割と責任を思うと、胸が締めつけられました。同時に、どんな逆境にあっても、自らの使命を全うしようとする情熱と逞しさに、「生きる」ことの覚悟とは何かを教えられたのでした。

「授業」というフィールドから
——「毎回、授業を受ける度に心がズキンとする感覚を味わっていました」

ケニアやアフガニスタンなどの開発途上国や紛争国の女子教育に関する研究や支援事業に取り組んだ後に、私は神戸市にある女子大学で教鞭を執ることになりました。これまで「国際協力」の一端に携わっていた私にとって、「大学で教えること」は新たなフィールドワークの始まりでした。そこではこれまでの経験を活かし、「国際協力論」や「ボランティア論」などを担当することとなりました。

着任当初は、日本の援助政策や開発途上国の貧困の状況、国連や援助機関、NGOを含めた開発援助の取り組みや、人道支援の必要性等を中心に授業を進めていました。国際社会の動向とともに、援助や開発途上国の状況について教えることにはやりがいを感じつつも、物足りなさを感じていました。というのも、学生たちが「知識としては大事だが、やはり遠く離れた国のできごと」「貧困や紛争は、私たちの生活とはあまり関係のない世界のこと」という反応を見せていることに気づいたからでした。「国際協力論」の授業を通して、学生たちに教えたいこと、伝えたいことは山のようにあるのに、空振りに終わることも多く、正直に言えば、当時は彼女たちの関心の薄さを嘆くこともありました。そして、そこから脱却するためには、何をすべきなのか、と反芻する日々が始まりました。

自問自答を繰り返すうちに、私はあることに思い至ります。私は学生たちに、国際協力関連の書籍や論文、国際機関の報告書やデータから「国際協力」や「開発途上国」の現状をただ伝えようと奮闘し、もがいていたのです。しかしそれでは、かつて大学院生であった私がフィールドに行くまで偏った情報やイメージに囚われていたのと同じです。つまり、私は、昔の私のような学生を育てようとしていたのでした。

これまでの様々なフィールドでの出会いや経験で私は何を学んだのか？　その経験を活かして、授業や教育活動から私は何を学生たちに伝え、何を学んでほしいのか？　悩みながら、自分自身に問う日々が続きました。次第に私は、本やデータ、インターネットの情報だけではわからない、その地に生きている人びとの生き生きとした様子とともに、彼ら／彼女らの抱える悩みや感情を伝えることで、彼女たちに「開発途上国」の人びとの様子や「国際協力」の必要性を感じてもらえるのではないかと思うようになりました。そこで思い出したのが、ケニアやアフガニスタンで生きる女性たちの存在でした。私がこれまで出会った女性たちのことを学生たちに知ってほしい。同時に、グローバル社会を取り巻く課題、貧困や紛争、難民の流出などから、世界には様々な境遇にある女性たちがいること、そして彼女たちには学生たちと同様の夢や希望があることを伝えることで、学生である自分たちの延長線上に彼女たちの生活があることを理解し、学んでほしいという思いを抱くようになりました。

学生たちが開発援助や難民支援の専門家として活躍する機会はたとえ少なくとも、同じ女性として彼女たちに寄り添い、平和な世界を築く一市民として社会で活躍し貢献するための知識を教え、力を育むことこそ、私自身の役割であり、仕事であるのだということをようやく認識したのです。そして、彼女たちに向けて、「いま・ここ」から私ができることを始めるのだという覚悟を決めたのでした。未来をつくる学生一人ひとりの様々な判断が、より良い社会を築き上げることにつながるのだという信念をようやくもてるようになりました。

そこから学生たちと私の授業を通したフィールドワークが始まりました。世界地図を前に、どの地域にどのような女性たちが暮らしているのか？　そこに根差す課題はなんなのか？　単なる「貧困」や「紛争」といった事象だけに留まるのではなく、また「かわいそう」「大変そう」「自分だったら無理だ」といった感情に留まるのではなく、自分たちと同じ世代の女性たちがどのような状況にあるのか？　どのような困難を抱えているのか？　どんな社会を望んでいるのか？　これらの問いについて思いを馳せるようなやりとりが授業内で交わされていきました。私たちが知っている情報や知識は、メディアやネットから配信されるうちの氷山の一角であること、それは誰かのレンズを通して伝えられたものであること、それらは「今」の世界や私たちが学んでいる地域のことをすべて映し出したものではないことを、幾度となく学生に伝えていきました。ともすれば、「知ったつもり」

「わかったつもり」になり、溢れる情報の中で溺れそうになっている学生たちにとっては、自分の知識を半ば否定された部分もあったかもしれません。しかしながら、授業の初回に伝えた氷山の一角の話は、彼女たちにとって強く印象に残ったようでした。

二〇二二年四月。「国際協力論」の初回、学生たちは、メディアから流れるウクライナ情勢の報道に非常に動揺していたことが印象的でした。刻々と伝えられるウクライナ避難民の状況。日本をはじめとする先進国が様々な形で行う支援。学生たちは、「私たちには何ができるのか？」「世界がこんな状況のときに、私たちはこのままでいいのだろうか？」という葛藤を抱えていたようでした。私自身もまた、何を彼女たちに伝えればいいのだろうか？　私が今、やるべきことはなんなのだろうか？　と悶々とした日々を過ごしていました。

「国際協力論」という授業を担当する私に今できること――それは学生に、グローバル社会の中で起きているできごとを伝え、共に考え、悩むことしかなかったのだと感じます。様々な支援が必要ななかで、なぜウクライナ支援がとりわけクローズアップされるのか？「難民支援」といってウクライナの人びとのことを考えるが、他の地域の難民の人びとのことを私たちはどれだけ知っているのか？　彼らへの支援はどうなるのか？　といったシンプルな問いを毎回、教壇から彼女たちに投げかけました。そのやりとりを通して、学生たちは自分たちが触れる情報からはわからない人びとの境遇、感情、絶望や苦しみ、そして彼ら／彼女らが抱く人生におけるささやかな夢や希望、家族への思いについて考えるようになりました。

そのような授業を終えて、学生が書いたコメントは次のようなものでした。

授業の回を重ねるごとに他人ごとではないような気がしてきました。私は、たまたま世界の中では平和な国とされている日本に生まれましたが、そのたまたまが現在戦争や紛争など争いが起こっている地域で生まれていた可能性も十分にあったわけです。私たちと同じ人間が今もどこかで苦しみ、悲しみ、泣き叫んでいる、そう考えるともう少し私自身も何か協力できることを探し、勉強しなければという自覚をもちました。

私の当たり前の生活は、本当に恵まれていて、自分が日常生活の中で悩むことがちっぽけ過ぎて、情けなくなるほどに思えたのも事実です。私は、何ごとにも、「知る」と「知らない」の重みは全然違うんだと常に念頭に置き、いろいろなことを吸収・経験しながら生きることをモットーとしています。この授業で習ったことは、まさに、自分にとって「知らない」ことばかりであり、「知る」ことがめちゃくちゃ大切なことばかりでした。毎回、授業を受ける度に心がズキンとする感覚を味わっていました。この大学に入学して二年。この授業を受講できて、非常によかったと思っています。自分にとって、「知っている世界」の幅が広がりました。

決して学生たちがウクライナの人びとと直接関わったわけではありませんでしたが、この時代に生きる若者として、そして女性として、この地球上の「いま・ここ」で何が起こっているのかを知り、考え、そして自分たちがどのような世界をつくり上げていく必要があるのかについて、大学での学びを通して、行動していくための知識を共有することができたのではないかと感じています。

出会いを通して教わったこと、そしてこれから
――「行った先で習いなさい」

私がフィールドで出会った人たちの多くは、特別な能力や専門的な知識をもった人びとではありません。ただ、「いま・ここ」にある生活に向き合い、時にその課題に果敢に立ち向かう市井の人たちです。また、私の研究、関心領域が「女子教育」であったこともあり、私が接した人たちの多くは女性でした。彼女たちの多くは「経済的」「社会的」にも様々な課題を抱えており、自分たちのいる環境を悲観的に受け入れるだけではなく、この「日常」を自律的に生きようとする覚悟がありました。そして、その強い気概を私自身は

感じ、教えられました。

「行った先で習いなさい」

この言葉は、長い大学院生活を終え、私が初めて大学に就職する時に、母がかけてくれた言葉です。母の恩師であるアメリカ人修道女が、彼女の大学卒業前に贈った言葉でもありました。当時の女性の多くは、人生の選択肢が限られており、自分の判断で自由に人生を歩んでいくことは厳しい状況でありました。今の私たちには、受身的な生き方に映る部分もあったかもしれません。

しかし、その状況の中であっても、女性として、どんな場に身を置いても、自らの運命を引き受け、主体的に生きるようにという強いメッセージがこの言葉には込められていました。同時に「行った先」で様々な変化にもしなやかに対応できるように、そこで誠実に習い、学ぶことができるような素養を常に身につけておく責任と覚悟を示唆している言葉でもありました。

当時は、その言葉のもつ意味の重みをほとんど認識していなかった私です。しかしながら、様々なフィールドに出向き、キャリアを重ね、研究、仕事を通して多くの経験をしてきた今、この言葉がもたらす力をひしひしと感じています。

私がフィールドで出会った彼女たちの生活は「日常」の一部でした。そして、彼女たち

〔写真〕フィールドワークを快く引き受け、サポートしてくれたO小学校の先生方と。時折、お茶会を開いてくれました

が私にかけてくれた言葉の一つひとつは、その日常の中で、またその気づきの中で発されたものでした。決して特別なものでも、劇的なできごとや発見があったわけでもありません。記録しておかなければ、誰もが永遠に忘れてしまうような小さなやりとりでしかありませんでした。

そのようななかで、「行った先で習いなさい」という言葉は、私のキャリアの中で大きな指針となりました。もちろん、研究におけるフィールドワークでは、出会う人たちとのやりとりから習うこと、学ぶことばかりであり、それをありのまま記述し、研究にまとめることが求められます。様々な経験を重ねることで、私にとっての「行った先」は研究のフィールドだけではなく、社会であり、仕事であり、仲間であり、同僚であり、そして、学生の中にあるものでした。たとえ、多くの経験や知識を積み重ねたとしても、私の「日常」という「行った先」では常に想定外のことが起こり、その場での適切な対応や正解を求めてあたふたすることもあります。しかしながら、その場を共に過ごす人たちや状況から教えを乞い、習うことの中にこそ、答えがあることにようやく気づくようになりました。

コロナ禍を経て不確実で変化の激しい時代にある今、「行った先」とは、自分たちが生きている「時間《とき》」でもあります。不確実で不安定である今だからこそ、自分がいるフィールドにおいて、その時代の変化に習い、学び、考え、行動する謙虚な姿勢が求められているのだと思います。

私がフィールドワークを通して学んだことは、どんな場（時代）にあっても、「行った先で習う」姿勢を忘れないこと、そこで習い、学んだことは様々なつながりをもって、自分の経験を豊かにし、世界を広げてくれるのだということ、そして、それらは時に自分を奮い立たせ、世界を俯瞰的に見る視野と問いを投げかけてくれるということです。

夕暮れ時に、ケニアの大地で考えた二〇年前のことを思い返します。そして教壇に立って世界の現実を学生に話すとき、私は「いま・ここ」で生活し、仕事をしていくことを選んだ自分の責任の重さと覚悟を実感するのです。

（注）お茶の水女子大学、津田塾大学、東京女子大学、奈良女子大学、日本女子大学。

〔写真〕2001年、大熊一夫師匠の退官記念コンサート！の打ち合わせ写真。何物にもなれていない・実力のない私は、せめて師匠の格好やしゃべり方、立ち居振る舞いを「真似る」ことしかできなかった

03 影との戦い

——自分自身というフィールド

竹端　寛

はじめに

この章を始めるにあたり、二つのフレーズを引用しておきたいと思います。

一つは、高村光太郎の詩集「道程」に出てくる有名なフレーズ、「僕の前に道はない僕の後ろに道は出来る」。もう一つは精神科医ユングが「個性化」を指して「個人に与えられた定めを実現するに至る心的発達過程」だと述べたことです。

私自身が道なき道を歩き始めて、四半世紀が過ぎました。大学院生の時にジャーナリストに弟子入りし、精神医療や障害者福祉領域で研究を始めました。アカデミズムとジャーナリズム、社会福祉学と福祉社会学、理論と実践、ケア（ミクロ）と政策（マクロ）などの「あいだ」を右往左往しながら、その場でできることを、模索し続けてきました。

そうやって試行錯誤や模索を繰り返すことは、私自身の個性化にもつながっていきます。他者との関係での修羅場だけでなく、自分自身の心が壊れかけた、心理的葛藤が最大化したとき、挫折せずに歩き続けられたのは、この道が私自身の「定めを実現するに至る心的発達過程」だったから、かもしれません。

三十代後半にさしかかった頃、私は人生最大の危機に襲われます。外敵に襲われたのではありません。自分自身が見ないようにしてきた「影」が増長し、その「影」と直面せざるを得なくなったのです。私はどんな「影」と出会ったのか。そこから、どのように「脱植民地化」されていったのか。そんな私の道なき道のプロセスと、心的発達過程についても自分語りをしてみたいと思います。

影に支配される

二〇一一年三月十一日に発生した東日本大震災は、三十代後半にさしかかった私の心を引き裂きました。当時山梨県に住んでいた私は、直接被災したわけではありません。被害は計画停電に襲われた程度です。でも、気が狂いそうになっていました。それは、「被災地支援に行かなければならない」という義務感（should, must）と、「今は被災地に行きたくない」という思い（would like to）の葛藤の最大化だったのです。社会的な役割・規範と、自分の心の中の恐れの最大級の分裂でもありました。

一九九五年の阪神淡路大震災のとき、私は大学一年生で、同じ学部の有志五〇名でボランティア隊を組織して被災地支援に入っていました。大学院で所属したのは、「ボランティア人間科学講座」という講座で、震災ボランティアについての知識は人並み以上にありましたし、さらに大学ではボランティア・NPO論も教えていました。東日本大震災の頃からツイッターをやっていた私は、タイムラインに流れてくる膨大な情報や、知り合いなどが被災地支援に続々と入っている姿を見聞きして、「私も行かねばならない」と頭では思い込んでいました。

でも、それと同時に心のブレーキを強烈に踏んでいる自分もいました。その表向きの理由は「国の審議会が佳境だから」でした。その当時、国の障害者の法律を抜本的に見直す「障がい者制度改革推進会議　総合福祉法部会」の委員を務めていました。本会議以外にも、障害者団体などとの意見調整や議論のために、毎週のように東京に出かけていました。そして、二〇一一年の八月までに「骨格提言」というまとめをつくらねばならず、その作業が中断されることを恐れていました。

また、私自身のトラウマ的な経験にも直面していました。先述の阪神淡路大震災の時にはボランティア隊長をしていたのですが、自分のキャパオーバーで燃えつきた過去があります。ひるがえって今回については、審議会委員の仕事が佳境になっていたため東京への出張は避けられず、そのうえで東北の被災地支援もかけもちして、さらに甲府で仕事を続けるとなると、またしても自分自身の限界を超えてしまうのではないか、と思っていました。それから、福島の原発が爆発する映像を見て、それまでの自分が不用意に信じ込んでいた原発安全神話が崩され、東北に行くのに怖じ気づいていたのも、また事実です。行かねばならないというアクセルと、行ってはならないというブレーキの双方を同じくらい強く踏んで、気が狂いそうになっていました。

一〇年後に振り返ってみると、これは私自身の「影」の最大化の危機だったようにも思います。当時の私は、「社会的な役割期待」を強烈に背負い込んでいました。国の審議会委員としてまたとない法改正のチャンスを逃したくないというのも、これまでの知識を活かして被災地支援に役立ちたいというのも、どちらも「社会の役に立ちたい・立たなければならない」という意味では、社会的な役割期待の内面化です。全力で取り組めば、こういう難局も乗り越えられるはずだ、と思い込んでいました。その一方で、「これ以上の役割期待を背負い込むのは、もう無理だ」と追い詰められている自分もいました。当時していた不妊治療では精子の運動率が低いと言われ、冷え性もキツく、抜け毛も多くて頭髪の薄さが目立っていました。つまり、頭では「もっともっと」とアクセルを踏んでいるけれど、身体が悲鳴を上げているし、心身が「もう限界だ」と感じていました。

「社会的な役割期待」には、人を引きつける魅力や眩しい光があります。誘蛾灯のように人はそれに引き寄せられます。私も国の審議会委員の肩書きがついて、それによって多数の講演依頼も受け、今から思うとその光の虜になっていました。そのうえ被災地に行って現地で活躍できたら、さらにその光は強くなったのかもしれません。

でも、私の心身は、その誘蛾灯の誘いにそれ以上応じられませんでした。その時点でも、限界ギリギリまで頑張ってきたつもりだったし、「これ以上無理はできないよ！」「スーパーマンにはなれないよ！」と悲鳴を上げていました。そんな葛藤の最大化のなかで、私は初めて、自分が社会的役割期待に自発的に縛られている、ということに気づき始めます。つまり、私の「したいこと」ではなく、「世間に求められている・すべきこと」に支配されていたのです。それを、私の「影」だとするならば、私の「影」は、私自身をコントロールし、自分を限界まで追い詰めていました。

では、それまでの私は、どのように社会的な役割期待を背負い込んできたのでしょうか。そして、どうやってそこから自由になっていったのでしょうか。

何者かになるためのもがき

(1) 研究者の入り口に立つまで

私は中学生の頃からジャーナリストに憧れていました。もともとニュースや報道番組、ドキュメンタリーなどを見ることや、社会問題や時事問題について大人と議論するのが好きでした。その一方で、北杜夫や河合隼雄のエッセイも読むようになり、漠然と「こころの世界」にも興味を抱きます。精神科医やカウンセラーになれたらいいな、と淡い期待ももっていました。そこで選んだのが、社会学も心理学も学べる「人間科学部」。そして、進路に悩んでいた大学四年生の時に、出会いが向こうからやってきます。元朝日新聞記者で『ルポ・精神病棟』など著名な作品がある福祉ジャーナリストの大熊一夫氏が、所属する大学の大学院教授として就任することになったのです。「こころの問題」を扱う「ジャーナリスト」の師匠に弟子入りをする、というのは、ごく自然な流れでした。

大学院生の頃はまさに内弟子として、大熊さんの言葉を聞き続け、その思考回路を学び続けました。一九七〇年に精神病院に「潜入ルポ」をして以来、一貫して日本の精神医療の構造的問題を問い続けてきた師匠の経験や視点は唯一無二のものであり、その独自の視点や迫力にいつも圧倒されていました。師匠に紹介され、私自身も大学院の五年間、ずっと精神病院でのフィールドワークを続けながら、師匠の長年の取材の蓄積に裏打ちされた壮大な世界観をなんとか理解し吸収したいと、もがいていました。

博士論文のテーマは、精神科のソーシャルワーカー。「こころの問題」を社会的なアプローチで解決しようとする専門家で、私自身がフィールドワークしながら、一番気になっていた存在です。師匠から「京都中の精神科ソーシャルワーカーにインタビューして、その課題を摑んでまとめよ。それができなければ、きみの博論はない！」と言われ、それから一年で一一七人のソーシャルワーカーにインタビューを実施し、そこで見つけた発見をまとめ、博士号をもらうことができました。

……と短くまとめると、チャンスを着実に自分のものにしていく、順風満帆な人生に見えますよね。でも、当の本人は常に不安を抱え続けていました。私が所属した大学院講座は新設講座で、研究の世界のことを教えてくれる先輩がいません。また、ジャーナリストである師匠からは、取材の仕方や社会課題との向き合い方、わかりやすい文章の書き方等たくさんのことを学びましたが、論文の書き方は独学でした。精神医療や障害者福祉をテーマに研究しているけど、専門的知識も独学で学んだだけで、国家資格ももっていません。そして、研究テーマである精神医療は、知れば知るほど日本社会の矛盾の巣窟のような領域です。その矛盾の巣窟を理解するのに時間がかかり、ましてや論文化は簡単ではありません。

それでも大学院生の時には「博士論文を書き上げる」という「当面の目標」がありました。しかし、その後の人生については、大学教員になれたらとは思っていたけれど、研究者としてどんな「キャリアパス」があるのかなんて、誰も教えてくれません。就職活動だって、公募に応募しないと道は開けないと博論を書き上げてからやっと知る始末。それから二年間で五〇の大学に履歴書を送り続け、落とされ続けてきました。

（2）試行錯誤の「独り立ち」

二〇〇五年、三〇歳の時に山梨学院大学法学部政治行政学科に「地域福祉論」の担当教員として採用されました。山梨にも、法学部や政治学・行政学にも、地域福祉論にも、縁もゆかりもない。そんな私を採用してもらえたのですから、本当にラッキーでした。後で採用理由を担当者に聞いたら、「なんだか元気でエネルギッシュだったから」とのこと。何が功を奏するかはわかりません。以後一三年間、この大学で研究者や教育者としての基礎を身につけました。教育者としての「もがき」は第1部で深めて考察してきましたので、以後は研究者としての「もがき」に焦点を移します。

博士論文を書き上げ、常勤職を得るというのは、落語でいう真打ちに昇進するようなものので、師匠からの独り立ちを意味します。とはいえ、自分独自の専門性や得意技をもっているわけではありません。論文の書き方もちゃんとわかっておらず、業績も少ないままでした。なので、そこから馬車馬のように働き、フィールドワークやインプット・アウトプットをしまくる生活が始まります。

まず、最初に芽が出たのは、専門でもなんでもなかった「政策分析」でした。二〇〇三年から始まった障害者福祉の制度改革は、厚労省の描く方向性と、障害当事者が求めるものの、専門家や家族が支持する内容がズレていて、大混乱していました。私は大学院の時代から、精神障害者の権利擁護団体（NPO大阪精神医療人権センター）でボランティアや非常勤スタッフをしていたこともあり、厚労省の資料を段ボール数箱分読み漁り続けていました。山梨学院大学への赴任直後から、政策分析に関する講演に呼ばれる機会も多く、そのご縁で、「新たな法で求められる新しい協議の場づくり」の立ち上げ支援をしてほしい、と頼まれ、山梨県障害福祉課の特別アドバイザーになりました。その仕事で県内二八市町村を県庁の人と駆け回り、様々な自治体職員や支援者と議論をし続けるなかで、「政策を批判的に分析する」だけでなく、「その地域に合った政策を実行に移す」ダイナミズムを体感することになります。

そして、自治体レベルで現場の人びととといっしょに考え、新しい何かをつくり上げていく、というやり方は、地域福祉や高齢者福祉領域でも求められていました。そこで、一応の専門である「精神障害者支援」以外でも講演や研修に呼ばれる機会が増えていきます。とりあえず声をかけられたら、一度は引き受けてみよう、と講演や研修を引き受け、付け焼き刃で当該領域の専門書を買いまくって勉強していました。また、大きな声では言えないけれど、日本語で書かれた福祉の専門書はそんなに魅力的な本が多くなかったので、東京や大阪に出張するたび、大きな本屋で経営学や人類学、まちづくりや哲学などいろいろなジャンルの本棚を眺めて、気になるタイトルの本を買いまくり、移動中の車内で読みまくっていました。専門領域の洋書を買いまくったのも、この頃からです。

社会福祉学でも福祉社会学でも、研究者としては極めて傍流だと自覚していたので、学会で評価されることを望んでいませんでした。いや、本音を言うと、学会誌の論文を読んでいるより、「いま・ここ」で起こっている困りごとについて現場の人に伺いながら、「さて、どないしたらいいのだろう？」といっしょにウンウン考え合いながら、とりあえず「次の一歩」をいっしょに見い出し、それがうまく展開されるように応援しているほうが、遙かに面白いし、やりがいがある仕事だったのです。そうやって数多くの現場に通い、講演し、研修し、出張三昧の日々になっていきます。

そんな日々のなかで、私に求められる「社会的な役割期待」も徐々に膨らんでいきます。二〇一〇年、三五歳の時に冒頭で述べた国の審議会委員になれたのも、院生時代からのライフワークだった「日本の精神医療の構造を変える」というテーマと、山梨で積み重ねてきた「現場の人と共に地域づくりを考え合う」という実践が評価されて、声がかかったからでした。この二つについては、確実にそれまでの一〇年以上の蓄積があったし、県でも市町村でも役立てたのだから、国レベルでも自分の実力は発揮できるかもしれない、と思っていました。

一方、光が強くなればなるほど、影も色濃くなります。毎週のように東京に出張し、講演も原稿依頼も増え、「自分は社会的に求められているんだ」という思い込みも高まります。自我のインフレのような状態です。「世間に求められている・すべきこと」を徹底的にこなして「実力」をつけていきました。では自分は根源のところで何を「したい」のか？　という問いとは向き合わないまま、日々に忙殺されていました。

そんな自分が限界と向き合ったのが、冒頭の東日本大震災後に訪れた心的危機でした。でも私が壊れなかったのは、なぜか？　それは、私自身が自らの「影」から逃げず、「世間に求められている・すべきこと」に支配されるのはイヤだ、と、影と対峙することを命がけで選んだからでした。そこから、私の人生は別の方向に転がり始めます。

それができたのは、震災の一年前のある出会いがあったからでした。

魂の脱植民地化

（1）書くリハビリ

「魂の脱植民地化」という言葉を初めて知ったのは二〇一〇年三月。とある学会の理事として義務的に出かけた京都で、初めて出会った深尾葉子さんが語られた「黄土高原・魂の生態学」という基調講演に引き寄せられました。懇親会で深尾さんからその話をじっくり伺っているなかで教わった考え方が、「魂の植民地化」でした。砂漠化した黄土高原で植林をしても、その現地の植生に合わない人為的な植林であれば、結果的に砂漠化は解消されない。「植林すればうまくいくはずだ」という思い込みや、毎年何千本植えたらいい、という計画制御的な発想は、自然のダイナミズムと一致していないがゆえに、失敗してしまう。そこには、「こうすべきだ・しなければならない」という他律的な・社会的役割期待を内面化した発想があり、それは「魂」が「植民地化」されてしまうことである。そして、真に自律的に生きるためには、「魂」にも「脱植民地化」が必要不可欠である、という視点でした。講演直後に送っていただいた論文には、こんなふうに書かれていました。

植民地は、ある一定の集団が、別の集団に対して、一方的に支配権、決定権を持っている状態を指し、それらが集団的にも個人的なレベルでも行使される。植民地的状況(ここでは、広義に、国家的植民地のみならず、個人間の支配―被支配関係も含む)のもとでは、被支配側は、しばしばいわれなき劣等感を押し付けられる。(略)このようにして、自分自身の属性が、否定的なまなざしで他者から眺められ、そのような処遇を受け続けることによって、魂は傷つけられ、その発露をゆがめられる(深尾葉子「魂の脱植民地化とは何か―呪縛・憑依・蓋」『東洋文化』八九号六―三七頁、二〇〇九年)。

深尾さんや「魂の脱植民地」との出会いは、私の人生を変える大きなできごとでした。研究の世界の中で、「魂」は証明不能であり、使ってはいけない言葉だと思い込んでいました。というのも、私自身が大学やアカデミズムという一つの「業界」で生き残るために、その世界で支配的な考え方や概念を受け入れ、その業界内の常識に適合的であろうとしてきたからです。でも、その支配的な常識が、他者に言われなき劣等感を押しつける。それは、その常識から「逸脱」した精神障害者が精神病院に隔離収容されてきた歴史であり、入所施設や特別支援学校・学級などでの社会的排除でも同様に起こり続けてきたことでした。そして、そのような社会的排除について研究している私自身が、アカデミズムの常識という枠組みに囚われている限り、直感的に大切だと感じることであっても、「これは学術的ではないから」と自己規制して、その業界で受け入れられやすそうな範囲に限定した発想や発言をするようになっていきます。社会的な役割期待の内面化も含めて、私の魂はまさに「植民地化」されていました。

だからこそ、この概念に出会った一年後の、震災後の危機は、自分自身の実存を大きく揺さぶりました。自分がこれまで信じて疑わなかった価値前提こそ、自分自身の魂を傷つけ、その発露を歪める元凶だったのかもしれない。そう考えると、ある種、奈落の底に落ち込むような不安がありました。そんな時に私にできたことは、ひたすら書き続けることでした。大学教員になった二〇〇五年から、文章修業のつもりでブログを書いていましたが、東日本大震災以後は、魂が揺さぶられ、心が壊れそうになるギリギリのところで、その「いま・ここ」の不安を言語化し続けていました。二〇一一年七月に「枠組み外しの旅」というタイトルでブログに何度か連載を書いてみて、二〇一二年三月には、「枠組み外しの旅：宿命論的呪縛から真の〈明晰〉に向かって」という形で論文としてまとめます。そして、この論文の刊行直後、深尾さんや同じ研究チームの安冨歩さんから、「叢書　魂の脱植民地化」シリーズの一冊を書いてみないか、とお誘いを受けます。そのお誘いから三カ月であっという間にゲラが完成し、二〇一二年十一月には『枠組み外しの旅：「個性化」が変える福祉社会』（青灯社）という初めての単著ができあがりました。

こう書くと、もともと筆が速い人間のように思われるかもしれません。でも、事実は真逆でした。博士論文を二〇〇三年に提出し、その単著化が課題だったのですが、それから十年近く、単著は夢のまた夢、であり、どう書きだしてよいのかわかりませんでした。折に触れていろいろ原稿は書いてきましたが、一冊にまとめるための「核心」がないままでした。社会学の恩師からは、「コアとなる主張が定まらず、バラバラな論考をまとめるだけだと、一生そんな本しか書けなくなるぞ！」と一喝されたこともあります。そのため、単著化は八方塞がりでした。

でも、「魂の脱植民地化」という概念に出会い、その一年後に実際に自らの「植民地化」された魂が危機的状況になった時に、目を背けず、学術的な「もっともらしさ」も度外視して、とにかく自分が書きたい内容に関して、リミッターを外して書き続けてみました。まさに、自分が囚われていた「枠組み」から離脱する「旅」に出たのです。すると、その執筆プロセスは、自分自身の魂を癒やす、ある種のリハビリテーションにもなりました。じつはリハビリテーションという言葉には「全人的復権」という意味が込められているのですが、二〇一一年から一二年にかけての執筆プロセスは、葛藤の最大化や影との戦いのなかで、まさに私の魂が全人的に復権していく、そんなプロセスだったのかもしれません。

（2）主観を前面に出した「学術書」

そうしてできあがった最初の単著『枠組み外しの旅：「個性化」が変える福祉社会』では、それまでの書き方の枠組みからも外れることにしました。たとえば、この本の主語は「筆者」ではなく、「僕」としました。また客観的記述だけでなく、それに対して「僕」はどう感じ、何を考えたか、という自らの主観をできる限りしっかり書き込んでいきました。とはいえ、自分の中ではエッセイではなく、学術書の一つだと思っていました。

研究の世界の「基本のキ」として、客観性の担保があります。主語を「筆者」にするのも、論文に主観を書かないのも、どちらも客観性の担保ゆえ、と言われてきました。しかし、本当にそれだけが正しいのでしょうか？　もしそうであれば、ほかならぬ本書も、著者三人の実存を前面に出して、みんな「私語り」しているから、学術的ではないということになります。でも、私たち三人はこの本を「敷居の低い学術書」だと思っています。

たしかに、客観的な文章というのは、私から離れて存在するように一見思えます。たとえば客観的なデータに基づいた文章を書いていると、そう捉えられます。でも、どのデータを、どんなふうに並べていくのか、という編集は、主観的な視点から行われています。同じデータを用いても、論理の組み立て方はいくらでもあります。そして、データというのは、数値データやインタビューデータのような、計測可能なもの・聞き取り可能なものに限りません。私がその場でどんなことを経験したか、それをどう感じ、考えたかも一つの主観的なデータです。どのようなデータを用いて、論理をどう組み立てて、読者にどのように語りかけるか。これには、あくまでも主観的な偏りが入っています。そして、その主観的な偏りに自覚的になりながら、より多くの読者が読んで「そういう議論もありかもしれない」と納得してくれる内容として文章を整理することができたら、それは客観性が担保されていて、学術的であると私は考えています。だからこそ、『枠組み外しの旅』は、「研究とはこういうものだ」という自分の思い込みや枠組みを手放して、私の感情や経験を織り込んだ学術書、としてみました。

そして、それは大学院入学時にジャーナリストの大熊一夫さんに弟子入りした時から、私自身が模索してきたことへの一つの解答だったのかもしれません。四半世紀前に弟子入りしたとき、「対象にギリギリ迫れ」「わかったつもりになるな」「足で稼げ」と言われました。学術的な文体でよそよそしく書いてみても、対象にはギリギリ迫れませんし、下手をしたら「わかったつもり」になってしまいます。私は何をわかっていないのか、見えていないのか、気づいていないのか。そんな自分の盲点をさらけ出しながら、同時にそれらが盲点になっている理由もギリギリ探っていく。それが、「枠組み外しの旅」を書いている際、私自身にずっと問いかけ続けたことでした。それは、アカデミズムの常識というリミッターを外す、ということだったのかもしれません。でも、そうやって自分の内奥の葛藤や矛盾を真正面から見据えながら、ギリギリ自分という対象に迫っていく、という意味で、「足で稼いだ」本でした。

さらにいえば、精神病を社会がどう捉えるのかを根本的に問い直すためには、私にはこの文体しかもち得ませんでした。社会的な排除ゆえに、精神病院に閉じ込められている。その時に、「狂っている」と排除することによって、マジョリティは何を護ろうとするのか。どのような線引きがそこに内在しているのか。そういった私たちの社会に厳然として存在する「常識」を問い直すため、私ができたこと。それは、自分自身がどのような「常識」にはまり込んでいて、それがどのように機能して、それによって自分がどう苦しんできたかを言語化することでした。人類学では、自分自身を観察の対象に、自分の人生や生き様をフィールドとして調査する営みをオート・エスノグラフィーという形で、整理していることに後になって気づきました。でも、当時の私はそんな概念も知らないまま、客観と主観の線引きの恣意性とか、その線引きによって何がどのように排除されるのかを、自分の主観的な経験や価値観の問い直しから、言語化し続けたのでした。

これは、従来のアカデミズムの言語とは違う文体、違う視点です。でも、私はこのような視点や文体を獲得することで、ある種、解き放たれていきました。自分が考えていることを、こんなふうに語ってもいいのだ。それが、文体における「脱植民地化」だったのかもしれません。そして、文体が解き放たれることにより、思考も少しずつ、枠を越えていくことが可能になります。

「人生の正午」にさしかかり

魂と向き合い続けた精神医学者のユングは、「人生の正午」という考え方を提起しています。人生の前半は、もっと・前に・外に、と自分の外側に向けて考え方や思考、生き様を拡張していく時期だ。でも、人生の正午を迎えた後の円熟期は、自分自身の影と向き合い、内奥の自分と真正面から向き合うなかで、自らの成熟課題と出会い続ける時期である。そして、人生を八〇年とすれば、四〇歳頃が人生の正午である、とユングは言っていました。実際、彼は四〇歳になる直前に師であるフロイトと決別し、スイスの湖畔の山荘に籠もって自らの内奥と向き合うなかから、独自の深層心理の世界の読み解きを繰り広げていきます。

私が人生最大の危機に遭遇したのは二〇一一年、三六歳の時でした。大学の常勤職を得て、国や県、市町村など様々な現場から講演や研修に呼ばれ、アドバイスを求められ、毎週のようにどこかに出張していました。もっと・前に・外にと自分の外側に意識の志向性を向け続けていたのですが、東日本大震災以後の自分自身の「内的危機」のなかで、見たくなかった「影」を見つめることになります。そして、「枠組み外しの旅」をブログから論文、書籍化に向けて書き続けるなかで、これまで放置していた・蓋をしていた自らの枠組みそのものと、しんどい思いをしながら格闘していくことになりました。もっと・前に・外にと向いていた自らの興味関心は、反転して、自分自身という最大級の・未開拓のフィールドに向けられるようになったのです。

『枠組み外しの旅』を書き上げたことにより、私は新たなスタートラインに立ちました。たしかに、今でも「社会的な役割期待」の誘蛾灯に引っかかりそうになる時もあります。あるいは、同業者の著作が評価されていると、羨ましく感じる自分がいないといえば嘘になります。人は光に吸い寄せられます。しかし、光には必ず影もあります。そして、光を手に入れるプロセスで、必ず影も引き受ける必要があります。逆をいえば、引き受けられない影があるのに光ばかり追い求めると、影に追いかけられてしまいます。これは私やあなたという個人についてだけでなく、フィールドワーク先の対象者個人や現場・組織・システムでも見聞きしてきました。修羅場はまさにその影が最大化した現場である、ともいえます。

そして、以前との違いは、そういう修羅場を戦闘モードで闘わずとも乗り越えられるようになってきたり、修羅場に出会う前に葛藤の最大化を回避できるようになってきたことです。それは、私自身が自らの影を認め、出会い、対話するように心がけてきたからかもしれません。他人を変える前に自分が変わる。ベタだけれど、そんな変化が、私自身や、私を取り巻くフィールドの変化にも、現れ始めています。「社会的役割期待」という「光」だけでなく、私を取り囲む「影」とも対話しながら、私自身に与えられた「定め」とは何かを問い続け、それを実現するに至る心的発達過程の旅に、少しずつ、踏み出し始めています。私の後ろに「道」ができるのかどうかは、わかりませんが。

第3部

他者と出会い共に変わる

〔写真〕2014年９月、トリエステに調査に行った際の一枚。無事にインタビューが成功した時には、通訳兼コーディネーターの鈴木さんと対象者の方と、笑顔で記念写真を撮ることができました

01 「いま・ここ」の対話から始まる相互変容

竹端 寛

「聴く」調査での失敗

私はこれまで、フィールドワークにおいてたくさんの方々の話を聞き続けてきました。博士論文は一一七名のソーシャルワーカーにインタビューをしてまとめたものですし、福祉現場の障害当事者や支援者には継続的に話を聞き続けていました。スウェーデンやアメリカの障害者福祉の実態を調べるために、現地の方々にインタビューしたこともあります。自分ではインタビュー調査は得意だ、と思い込んでいました。

そんな私にとって、「聴くこと」を改めて考えさせられた「失敗」は、イタリアでの経験です。二〇一五年にイタリア・トリエステで、本書の共著者である鈴木鉄忠さんにアレンジメントと通訳をお願いして、有名な哲学者にインタビューをしました。イタリアの精神医療改革がどのように進んでいったのか、その哲学的な意味や価値を伺いたいと趣旨を説明し、お話を伺っていました。

でも、その方は、鈴木さんが通訳する時間を与えず、ずっと話し続けています。当初は一言も聞き漏らすまい、と思ってノートPCを開いたまま、彼の話に耳を傾けていたのですが、そのうちまったく話がわからないまま放置されている自分がいたたまれなくなって、ノートPCを閉じて、ぼんやりしていました。その後、鈴木さんが大急ぎで通訳してくれたのですが、調査の後、彼が鈴木さんにポツリと語っていた内容を、私にこんなふうに伝えてくれました。

「ほら、あいつはPCを途中で閉ざしてしまった。私の話には、そんなに興味がないんだ」

当時の私は、ずっと通訳がされないまま、一方的に話し続けるその調査対象者が、まさかそんなふうに解釈していたなんて！　ちょっと待ってよ、なんて身勝手なんだ！　と腹を立てていました。あの人は変わった人だから、運が悪かった、仕方ないと思い込んでいました。

でも、今の私は違う解釈をしています。彼は、異国の研究者を試していたのです。こいつは本当に語る価値のある相手か、と。他方で当時の私は、「いま・ここ」の不確実性に耐えられず、「落としどころ」を探ろうとしてもイタリア語もできず、通訳の鈴木さんは彼の話を聞くのに必死だし、万策尽きた、と思い込んでいました。「この調査は無駄だったな」と相手との対話を勝手に諦めて、静かにノートPCを閉じて、ぼんやり通りを眺めながら待っていました。そして、そのプロセスこそ、彼にとって、「調査者のあいつ（タケバタ）は対話する価値のないやつだ」と最終的に決断させる決め手になったのです。

では、なぜ私はそのとき、対話する価値のない人間だったのでしょうか。インタビューやフィールドワークにおける対話的な関係性や、フィールドワークにおける相互作用とは一体どういうものなのでしょうか。それを本章では考えてみたいと思います。

先入観を脇に置き、ただ聴くこと

イタリアでの失敗から二年後の二〇一七年春、私はダイアローグの集中研修を受けました。そこで得た最大の学びは、「ただ聴くこと」(注)でした。

私はそれまで、目的意識をもって話を聞くのが当たり前だ、と思い込んでいました。何かを学びたい、相手の意見から参考にできる部分を吸収したい、調査報告を書くための基礎データとしたい、相手の話を聞きながらこちらの意見をまとめたい、相手を説得する糸口を見つけたい、相手に自分の存在を認めてもらいたい……。どんな目的であれ、聞き手の私の側には、なんらかの目的や意図があって、相手の話を聞こうとしていました。

でも四週連続で開かれた研修に通い続けるなかで、私自身の考え違いに気づき始めました。私が話を聞く前提としていた「目的や意図」が先入観になって、相手に投影されていることに気がつき始めました。そして、その先入観こそが、相手の意図を理解するうえでの「邪魔なフィルター」となり、相手の言葉をまっすぐに「ただ聴く」ことを阻害していること、それゆえに「話が通じない」「わかってもらえない」と不満が溜まることが見えてきました。「相手がわからず屋だ」と思い込んでいるのは、私自身が虚心坦懐に聴けていないから、つまりは「私のほうがじつはわからず屋である」と気づいてしまったのです。

イタリアでの「失敗」も、そこに結びつきます。

「自分が何をわかっていないか、見えていないか」に気づくこと、それは「無知の知」そのものでもあります。「全然聴けていなかった」という気づきは、インタビュー調査に自信をもっていた私には大きなショックでしたが、その一方で、結果的には肩の荷が下りる経験でもありました。今まで、「どうやって話を聴けばよいのか」は誰も教えてくれなかったので、無手勝流で「肩肘を張って」話を聞いていました。対話相手として馬鹿にされたくない、ちゃんとした聞き手でいたい、と虚勢を張っていたのです。なので、話を聴いた後、けっこう疲れていたと思います。でも、その当時は、他者の話を聞いて疲れているということにさえも無自覚でした。

そして、「ただ聴く」ためには、様々なものを手放す必要があることも、この研修で体感しました。先に述べた「先入観」は「落としどころ」にもつながります。誰かに何かを聞くとき、目的意識が先行していると、自分の聞きたいことを聞こうとします。でも、それは質問紙調査を口頭で行っているのと変わりません。対話というのは、あなたと私の間で即興的に構成されるものです。他ならぬ私を前にして、あなたはいろいろ話したいかもしれないし、話したくないかもしれない。私の聞きたいことを話したい場合もあれば、それとは一見関係のないことを話し続ける場合もある。そして、かつての目的意識が先行していた私は、自分の聞きたいことのみに関心を向けて聞いていました。

でも、その振る舞いは、対話の相手を「自分の聞きたいことを教えてくれる存在」に切り落としていることになります。それは、「いま・ここで目の前にしている他者の他者性を尊重する（Respecting otherness in the present moment）」という振る舞いとは真逆の、相手をモノ化した態度だと気づかされました。自分のメガネでのみ、相手の言葉を受け取るのですから、それは対話のふりをした「集合的な一人語り（モノローグ）」なのですよね。その振る舞いは、対話的な関係性とは真逆なものである、と気づき始めたのです。

オープンダイアローグという価値転換

ここで、私が学んだ対話哲学について、少しご紹介します。

オープンダイアローグとは、フィンランドの西ラップランドで始まった精神医療の画期的な支援アプローチを指します。精神症状が急性期になりつつある（幻聴や幻覚、妄想などで苦しんでいる）当事者やその家族が電話すると、二四時間以内に治療チームが自宅を訪問するか、病院での面談がセッティングされます。その場で、本人が助けを求める家族や友人も交えて、本人と医療チームが一時間半程度、対話をします。必要に応じて、そこから毎日のように対話を繰り返します。すると、急性症状が鎮まるだけでなく、時には投薬せずに治療が終了したり、精神症状がそのものが消失したりするのです。

この方法論が日本でも紹介され始めた二〇一五年に、私自身も発祥の地、フィンランドのケロプダス病院に取材に出かけました。それ以来、薬物投与や精神科病院への長期社会的入院に偏った、硬直的な日本の精神医療を開く新たな可能性として、注目していました。また、斎藤環さんや森川すいめいさんなど、著名な精神科医がオープンダイアローグのトレーニングコースを受講し、日本で受容されていくプロセスも間近で垣間見ていました。そして、私も縁あって、二〇一七年春に開かれた、オープンダイアローグの方法論の一つである「未来語りのダイアローグ」の提唱者、トム・アーンキルさんによる集中研修を受講することになりました。

私がそこで学んだのは、「対話のアプローチを変えると、支援の関係性が変わる」ということでした。福祉や医療の現場で、まず支援者が対話のあり方を変えると、たしかに支援関係やその実態も変わります。でも、それは精神障害者やなんらかの支援が必要な人との対話に限ったことではありません。私自身が対話のあり方を変えることで、調査対象者や学生、研修などで出会う現場の人びと、家族……との関係性が大きく変わってくる、ということに気づき始めたのです。この対話実践の学びは、自分の人生に直結している、と。

なぜ対話実践が人生を変えることにつながるのか。当時の研修で学んだ大切なキーワードである、「他者の他者性を尊重する」「己の唯一無二性を自覚する」自分の思い込みや仮説を手放し、「いま・ここ、を大切にする」「不確実さの海の中に飛び込む」「ハーモニーよりポリフォニー」というフレーズに絡めて、以下では考えてみたいと思います。

他者の他者性を尊重する

「他者の他者性」については、調査対象者だけでなく、妻や子どもなど身近な「他者の他者性」を尊重できるか、が大きく問われます。「子どもをちゃんとしつけなければならない」と思い込むと、子どもの「他者性」を無視し、父親の価値観を押しつけることになりがちです。でも、娘が生まれて数カ月の時にこの研修を受けて以来、娘や妻の「他者性」を意識して観察するようになると、自分にはわかり得ない「他者性」を妻や娘がもっていることに気づき始めました。そして、その「他者性」を尊重することこそが、他者との豊かな関係性を構築する土台になるのだ、と気づき始めました。逆にいえば、うまくいかない相手とは、豊かな関係性を築く土台である「他者性の尊重」ができていない、ということも、今ならわかります。こじれている関係性の背後には、自分の価値観の押しつけと「他者性」への無理解があるのです。

ここで、私が失敗したイタリアでの対話の話に戻ってみましょう。あのとき、私は日本人によくありがちな「調査を受け入れてくれたのだから、相手はわかってくれるはずだ・忖度してくれるはずだ」という思い込みに支配されていました。一般的に通訳者は、一文一文を逐次通訳するか、長くてもパラグラフやある程度の話のまとまりで区切って訳します。そうしないと、訳しきれないからです。私が当時PCを開けて待っていたのは、通訳者が話してくれる内容をその場で打ち込んでしまおう、と思っていたからでした。でも、このイタリア人哲学者には、「通訳の常識」は通用しませんでした。彼は通訳者の鈴木さんに、一方的にうわーっとしゃべり続けたのです。

私はそこで、彼が私や通訳の事情を尊重してくれないことに怒っていました。でも、彼にはその「通訳の常識に関する日本人の先入観」がなかったのかもしれません。「他者の他者性」を大切にできていたなら、たとえば「お話し中に止めて、すいません。あなたの話をなるべく理解したいので、一度、ここまでの部分を通訳してもらうことをお許しいただけませんか?」と相手の目を見て心からお願いしただろうと思います。「あなたの話を遮りたくない。でも、イタリア語で話されている内容は、私にはわかりません。そして、あなたの話をなんとか理解したいのです。だから、あなたには申し訳ないのですが、逐次訳をさせてもらえないでしょうか？」と。

こうやって、自分の価値観や先入観の通じない相手の「他者の他者性」を尊重しながら話しかけるだけで、違った展開が生まれてきたのかもしれません。それはへりくだるのでも、上から目線でもない、対等な対話的関係を築く入り口になるのです。

己の唯一無二性を自覚する

そして、この「他者の他者性」の自覚は、反転すると自分自身に「唯一無二性」があることへの意識化にもつながります。普段はついつい他者と自分を比較して、憧れと自己嫌悪の悪循環サイクルに陥りやすい私にとって、あるがままの自分に「唯一無二性」がある、と気づくことは、謙虚な自信にもつながります。子どもが謙虚な自信をもって育つためには、まず親である私や妻が、「己の唯一無二性」を信じて大切にすることが先だと気づき始めました。他者比較をせず、ありのままの自分をそのものとして大切にすること。これは他者だけでなく、自分自身をも尊重することでもあります。学生に教育する・調査対象者に向き合う時にも同じことがいえます。私とあなたは他者であり、あなたの他者性を尊重しながら話を聴けるのは、私が自分自身の「唯一無二性」に謙虚な自信をもって尊重できているからです。

ここでもイタリアでの「失敗」に戻ってみましょう。その時の私は、自信がなかったのです。有名な異国の哲学者を前にして、彼の本を読んできたわけでもないのに、ちゃんとインタビューができるかが不安でした。彼の話をちゃんと聞けるだろうか、という自信のなさがあって、彼がうわーっとイタリア語でまくし立てていた時に、話を割って入る勇気がなかったのです。でも、彼の他者性を尊重するということは、私自身の「唯一無二性」を認めることでもあります。私は哲学が専門ではないけど、日本の脱施設化研究は一五年以上研究してきた。その蓄積に謙虚な自信をもって、対等な関係で対話をしたい、と彼にしっかりと向き合うことができたら、一方通行の関係は双方向に変わり始めるのです。

学生に向かって「己の唯一無二性」という考え方を伝えると、「わがままになることではないか?」と間違って伝わることがあります。「唯一無二性」とは、優越性や甘えとはまったく違います。愚かなところ、未熟なところ、至らないところも含めた、でも魅力や強みもある、丸ごとの総体としての「己の唯一無二性」をそのものとして認める、ということなのです。それは、驕り高ぶることでも、自己否定や自己嫌悪に陥ることでもなく、ありのままの自分をそのものとして捉え、受け入れることです。そして、そういう存在として、相手の他者の他者性と謙虚に向き合うことができているか、が問われているのだと思っています。さらにいえば、フィールドワークにおいても、そういう謙虚な出会いが果たせた相手とは、その後も続く（うまくいけば一生の）お付き合いのきっかけにもなります。

いま・ここ、を大切にする

自分の思い込みや仮説を手放し、「いま・ここ、を大切にする」というのは、他ならぬあなたが、私の前で語ってくださることを、そのものとして大切に対話を続けていく、ということです。これまで、精神医療の世界では、幻覚や妄想について尋ねてはいけない、それを聞いたら病状が悪化するから、という不文律がありました。でも、他ならぬ相手が私の前で、「いま・ここ」の苦しさを語ってくれる時に、それが「現実世界から離れた荒唐無稽な内容だから、その話は聞かない」と評価や査定をしたら、どうなるでしょう？　せっかく話してくれた相手は、「やっぱりわかってもらえなかった」と絶望的な気分になりますよね。オープンダイアローグの世界では、幻聴や幻覚の内容が話し始められても、遮ることなく、その話を聴き続けていきます。すると、語り手は「自分の苦しさをまるごと受け止めてもらった」と思って、そのうち幻聴や幻覚の話をしなくなる人もいます。生きる苦悩が最大化して、幻聴・幻覚に支配されている人が、その苦しみを言語化して、他者に聴いてもらえた、理解してもらえた、と思うと、その幻聴や幻覚が鎮まっていくのです。同じように、インタビューでこちらの質問とはまったく別の話を始めたと思える場面に出くわしても、「いま・ここ」の話を大切に聴き続けているなかで、こちらが想定外だった展開が始まります。

そして、これもイタリアでの「失敗」に引きつけて考えてみましょう。一方的にうわーっと相手が話し始めたとき、私は通訳者を交えたインタビュー調査に関する「自分の思い込みや仮説」にしがみついていました。そして、それに従わない相手を「身勝手だ」と怒っていました。でも、それは自分の枠組みで相手を捉える、ということです。おそらく相手の哲学者は、私がPCでメモをとろうとしているその振る舞いも含めて、私の先入観が嫌いだったのだと思います。それをぶち壊すために、一方的に話し続ける戦略を仕掛けてきました。そして、みごとにその相手の術にはまり、煙に巻かれ、当時の私は撃沈しました。

ということは、PCを開いたままなす術もなくぼんやりしていた当時の私に求められていたのは、「自分の思い込みや仮説」を捨てることだったのです。「ちょっと待ってください！」と途中で口にすることでした。それまでのプランを変更し、「いま・ここ」に集中して、どうやってこの状況のなかで、相手が通訳者ではなく私のほうを向いてくれるか、PCを閉じて、真剣に相手の目を見て、一言ひとこと、話をすべきでした。言葉が通じなくても、私が本気で「いま・ここ」で相手に伝えようとしている、その気迫は伝わります。

その対話への気迫というか、「いま・ここ」で相手と接点を持ちたいという思いを私が伝えようとしなかったからこそ、あの対話は失敗したのだと、今ならわかります。

不確実さの海の中に飛び込む

これは、「不確実さの海の中に飛び込む」ということにも通じています。

調査対象者へのインタビューであれ、患者の語りを聴くことであれ、「調査内容を聞き取りたい」「治療へとつなげたい」といった聞き手の目的意識が先行してしまうと、うまくいきません。他ならぬ相手が、私の前で、「いま・ここ」にある想いを語る。その時の相手の「他者の他者性」をそのものとして尊重する。たとえ荒唐無稽に思える内容が語られていても、「その内容に意味があるかどうか」を聞き手の私が査定せず、相手を信じてその語る内容を聞き続ける。これは、聞き手の私の「落としどころ」や「目的意識」を手放して、相手と私の間で生まれる「不確実でどこに行くかわからない話の流れ」に身を委ねることです。ただ、調査する側・話を聴く側にとって、極めて怖いし、不安になるかもしれません。私自身も二〇一五年のイタリアでの調査では、このおっかなさに飛び込む勇気がもてず、途中で対話を放棄していたのですから。でも、このプロセスが決定的に重要だ、と、今ならわかります。

多くの人は、自分の考えを最初から理路整然と語れるわけではありません。質問されて、いろいろ考えて、とりあえず言葉にしてみるなかで、少しずつ「ああでもないこうでもない」と話しているうちに、言いたいことの輪郭が見えてくるのです。そして、その取っかかりとして、突拍子もないことが話されたとしても、それは言いたいことの核心に向かう入り口であり、そこを大切にしない限り、語りたい本質にはたどり着かないのです。おそらくイタリア人哲学者も、壮大な前置きの「ああでもないこうでもない」を話していたのかもしれません。でも、私はそれをそのものとして尊重できていなかった。

では、どうしたらよいのか。聞き手の側からすると、「これは本当に意味のある・聞きたい内容につながっているのだろうか?」と不安になるような語りであっても、「他者の他者性」を尊重するならば、「いま・ここ」で語ってくれていることに、私の知り得ない意味や価値があるはずだ、と信じることから始まります。すると、私が相手を信頼することで、相手も私を認めてくれる、そんな相互承認の関係性が少しずつ生まれてきます。その関係構築プロセスを経て初めて、相手の本音の想いや願いが出てくるのです。そのために必要なプロセスとして、突拍子もない、「ああでもないこうでもない」が語られるわけであり、そのプロセスを抜かすと、表面的な話で終わってしまいかねません。

私は、あの時のイタリア人哲学者の彼のことを信頼できていませんでした。そして、彼の「ああでもないこうでもない」を待てませんでした。彼に対話をお願いしたいと、不確実さの海に飛び込むことができませんでした。だからこそ、彼にとっては対話の価値のない相手だ、と値踏みされたのかもしれません。

ハーモニーよりポリフォニー

オープンダイアローグで言われている対話哲学と似て非なるものが、日本で「対話」とされるものの主流を占めています。それが「空気を読む」「同調圧力に従う」「忖度する」「和を重視する」ことです。それは「ハーモニー（調和）」への希求です。一方、オープンダイアローグで大切にされている会話哲学においては、意見を最初から一致させる必要もないし、まとめるために相手を説得する必要もありません。それよりも、一人ひとりが、自分の思い（異なる声）を出し合い、それぞれの声がそのものとして尊重される「ポリフォニー（多声性）」が大切にされています。一人ひとりの内的合理性を理解し、「他者の他者性」を尊重したうえで、「己の唯一無二性」をも尊重し、チームをつくり上げていくのです。

「意見はまとめなくてもいい」という考え方は、私にとって目からうろこ、でした。なぜなら、インタビューだけでなく、授業やゼミ指導、研修講師などいろいろな場面で、私に求められているのは「意見をまとめることだ」と勘違いして、肩肘張って、頑張ってきたからです。そして、そういう力みがあるときに限って、説得モードに陥るために、相手を激怒させ、話が決裂する場面が何度もありました。これはインタビュー調査で下手な誘導をすれば対象者を激怒させることとまったく同じです。

イタリアでの「失敗」に引きつけるとするならば、私はその哲学者と意見を一致させる「ハーモニー」を無意識・無自覚に求めていたのだと思います。それが「取り付く島もない」事態で、絶望に陥る元凶だったのかもしれません。でも、彼が私とは異なる声や思いを、こちらの想定外の仕方で発してくれた時に、その異なる声に私がわかったフリをして同調することもなく、かといって腹を立てて反発することもなく、その声をそのものとして大切にすることができたら、彼と私の異なる声はハーモニーではなく、ポリフォニーを奏で始めたのかもしれない。今なら、そう思います。

本当に相手の他者性を知りたいと希求し「いま・ここ」でなぜそのような話をするのか、に真摯に耳を傾けてみる。勝手な解釈や価値判断をせず、とにかく最後まで聞かせてもらう。その丁寧なプロセスを経ているうちに、意見をまとめたり、解決を目指さなくとも、勝手に落ち着くべきところに話が落ち着く。そんな経験を、この七年でたくさん重ねてきました。

その際大切なのは、「あれかこれか」「善か悪か」「敵か味方か」……といった二項対立的な発想になっていないかに気をつけることです。複雑な現実を理解する際、二項対立的な視点で分析すると、そこで語られている大切な何かを切り落としてしまいがちです。それは、研究者の解釈枠組みに当てはめ、現実を縮減して捉えるアプローチです。そうではなくて、「あれもこれも」や「ああでもないこうでもない」と解釈可能性を広げていく。それがポリフォニーの発想にあるし、対話的関係性を豊かにし、ひいては現実を豊かに捉える鍵なのだと思います。

モヤモヤ対話へようこそ

二〇一七年のダイアローグ研修を経て、私はインタビューのみならず、大学の授業やゼミ、また支援者への研修やコンサルテーションなどにおいても、「モヤモヤ対話」の場を大切にしています。これは、オープンダイアローグで学んだことを、日常の対話場面で大切にするための方法論です。私が事前に落としどころやゴール設定をした対話やインタビューをするのでなく、あるテーマに関して「いま・ここ」でモヤモヤすることを語ってもらう（授業や研修なら小グループで話した後に発表してもらう）のです。そして、そのモヤモヤを聴きながら、その背景や、モヤモヤを抱えた人がもっている思いを伺っていきます。そして、モヤモヤを抱えている人の他者の他者性を尊重しながら、そのモヤモヤを伺い続けているうちに、言葉にならなかった、思いもよらなかった、そのひとの本音が見えてきます。

そして、私がそこで問いを重ねながら、そのひとの「言いたいけど言語化できなかったこと」を言葉にするお手伝いをしていくと、時には私の前で涙を流したり、でもその後に晴れやかな笑顔を見せるひとも、たくさん見てきました。

安心して話せる場で、モヤモヤを言語化して解きほぐすうちに、自分のコアにある思いや願いが表出してくる。そんなモヤモヤ対話をしているうちに、「その人の悩みを解決してあげたい」なんていう上から目線（これをabout-nessの姿勢とも言います）ではなく、「そのモヤモヤについて、もっと教えてください」という対等な視点（with-ness姿勢）が生まれてきます。そして、そのモヤモヤ対話の中で、問題を解決しようと力まなくても、勝手に場が開かれ、葛藤が鎮まり、落ち着くべきところにストンと落ちる場面にも、たくさん遭遇してきました。

「問題の一部は自分自身」というフレーズがあります。相手が問題だ、と思っている内容でも、あなたと私の関係性の中で問題が生じている場合、まず私自身が変わることで、相手との関係性は着実に変化します。

フィールド現場との対話においても、フィールドに対する私自身の聞き方、関わり方が変われば、現場との関係性は変わると思っています。つまり、フィールドとの相互作用が変わり始めると、フィールドとの相互変容も可能になるのです。これは、観察者観察対象を切り分けるのとは、真逆の視点です。私自身は、研究者が現場の行為に参加する「参与観察」よりも、モヤモヤ対話から出てきた現場の変革課題に伴走する支援を研究者として行っている、という感じのほうが近いかもしれません。ただ、外部者の私が正解を知っているわけではないので、なんらかの「課題解決」型の思考とも違います。モヤモヤの正体とは何か、何が課題なのかを発見する、「課題発見・設定」をフィールドの人といっしょに探求していく、そんなプロセスなのかもしれません。

モヤモヤ対話においてもう一つ大切にしていることがあります。それは、相手のモヤモヤをじっくり伺うプロセスを通じて、「いま・ここ」において自分が感じたこと、心に浮かんだことは、たとえインタビュー相手に対してであっても、お伝えするということです。これは、安直なアドバイスや批判、査定とは異なります。あなたのモヤモヤする物語を聴かせていただいた私が、その話を聴いて感じたことを、素直に言葉にして伝えるという、シンプルなことです。その際、上から目線にならないよう、「私にはこんなふうに聞こえた」「あなたの話を聴いているうちに、私の中ではこのようなことが浮かんだ」といった、「私」を主語にして、私が引き受ける言葉として、お伝えしています。モヤモヤ対話の中で、あなたの他者の他者性を理解できた私が、その話を聴かせていただいたことへの応答や返礼として、私の唯一無二な視点から、「いま・ここ」で心に浮かんでいることを、丁寧にかつ率直にお話しする。それこそが、オープンダイアローグでも大切にしている「いま・ここ」で目の前にしている「他者の他者性」を尊重すること（Respecting otherness in the present moment)」の実践なのかもしれない、と私は感じています。そして、そのプロセスを共有するなかで、あなたと私が、対話を通じて相互変容しつつあるのかもしれません。

あの頃の私に向けて

大学でインタビュー実習のコマを担当していると、学生たちから「こちらが聴きたいことに応えてくれない場合はどうしたらよいのか」「質問項目をどう膨らませればよいかわからない」「想定外の話をされたとき、どう対応したらよいのか」といった質問が寄せられます。その際に、最近こんなふうに伝えています。

「インタビューにおいて、事前に相手のことを調べたうえで、聞きたい質問項目を考える準備は大切です。でも、インタビューが始まったら、一度その質問項目を手放す必要があります。なぜなら、対話においては、想定外のことがしばしば展開されるからです。その際、あなたが「自分の聞きたいこと」に集中していると、真に相手と出会うことはできません。

相手は「あなたに話したいこと」を話してくれています。でも、それがあなたの求める・

相手から聞きたい内容とは違った場合もしばしばあります。そのとき、「この話が聞きたいわけではない」とあなたが評価や査定をした時点で、あなたは相手の話を真剣に聞けなくなってしまいます。そして、真剣に話を聞いてくれないあなたに、相手はそれ以上話そうとしません。

対話が始まった際には、対話する二人の「いま・ここ」に焦点を合わせたほうがよいです。そして、よくわからない展開であっても、相手の話をじっくり伺ったうえで、その流れの中で心に浮かぶことをおたずねしてみてください。すると、相手も真剣に話を聞いてもらえた、と思い、対話が深まっていきます。相手も「この人なら聴いてくれる、話をしてもよさそうだ」と警戒心を解いてくれます。そのプロセスを経た後に、改めてあなたが聞きたいこと（事前質問事項など）をおたずねすると、喜んで応えてくれますよ」

このメッセージの宛先は、第一義的には目の前の学生なのですが、二〇一五年にトリエステの喫茶店で困惑していた私自身でもあります。

（注）本章では、通常のインタビューの際の聞き手の姿勢を「聞く」とし、心の底からじっくり聞くことを「聴く」とし、使い分けをしています。

〔写真〕空き古民家を活用した定例のスローフード体験イベントの様子。子どもからおばあちゃんまで集まる

02

対話的な地域コミュニティづくりの実験場

鈴木鉄忠

はじめに

「まるでトトロが出てきそうな家ですね！」　平屋二階建ての古民家を見上げながら学生たちの弾んだ声が響き渡ります。それを聞いた古民家のオーナーもなんだかうれしそうです。ここは群馬県前橋市の赤城山が見える旧農村地区です。学生と地域の人びとで築七五年の空き古民家の利活用を始めて二年が経過しました。首都圏に位置する県都とはいえ、前橋市も人口減少や少子高齢化と無関係ではありません。「空き家問題」「耕作放棄地」「放置林」と報じられる地域課題があります。でも見方を変えれば地域資源です。空き家や畑山林は新しいことにチャレンジする学びのフィールドでもあります。

「地域活性化にはよそ者、若者、バカモノが必要だ」とよく言われます。特に過疎地域での若者の活動は、社会やメディアの関心を引きます。そこでは必ずと言っていいほど学生たちにスポットライトが当てられます。ですが学生と同じかそれ以上に、地域の人びとが活動を裏で支えている様子を私は見てきました。

そうしたなかで地域のキーパーソンの次のつぶやきが忘れられません。「地域の人びとにとって、大学生は扱いが難しいんですよ。子どもとして接するわけにはいきません。とはいえ、完全に大人として扱うこともできません。地域は大学生を受け入れることを嫌がっているわけではありませんし、歓迎の気持ちもあるのですが、どう接したらよいのか戸惑うのも大学生なのです」。地域の人は「歓迎の気持ち」と「戸惑い」のはざまで試行錯誤しているのでした。

この章では、地域の人びとと学生と私が「地域コミュニティの務め」にどう取り組んでいったのか、そのリアルな過程に着目します。コミュニティの解釈は諸説ありますが、語源のコムニタスは「共に」「いっしょに」(コム)と「任務」「責務」(ムヌス)が合わさった用語です。よって「共同の務めで結ばれた人々の集団」がコミュニティの原義といえます。その反対の意味のイムニタス(英語のimmunity)は、任務や責務(ムヌス)を免除され、それらから解放されている(イム)という意味です(ロベルト・エスポジト著、岡田温司訳『近代政治の脱構築』講談社、二〇〇九年)。するとこのように考えることができます。子どもは社会や地域から求められる任務や責務を免除されています。他方で成人や社会人になれば、一定の任務や責務を負うことを期待されます。そのようななかで学生は、子どもと大人の中間地点にある存在といえるでしょう。社会の任務や責務を免除される猶予期間にあると同時に、いずれは「一人前」になることを期待されているのです。

かつての地域共同体には、共同の任務や責務の中に若者を組み入れる通過儀礼や習わしがありました。そうした地域独自の文化的枠組みの中で、地域の大人も若者も、お互いを共同体の一員として出迎える準備ができました。しかし現代の地域コミュニティでは、任務や責務のバトンタッチが難しくなっています。それゆえひと昔前の「言わなくてもわかる」「あうんの呼吸」に期待する地域共同体ではなく、対話的な地域コミュニティをどのようにつくるかが、重要な地域課題として浮かび上がってくるのです。

農村古民家という小宇宙

まず、私が空き古民家の利活用に関わるようになった経緯を説明します。三つのきっかけがありました。最初は家主の坂木さん（仮名）の困りごとです。坂木さんのご両親は、前橋市の農家で昔ながらの暮らしを営んできました。しかし五年前に坂木さんの父上が他界、その後一人暮らしになった母上は介護施設に入所したため、空き家になりました。娘の坂木さんは車で二〇分ほどのところに住んでおり、すでに結婚して別世帯で暮らしていました。空き家になった実家に住みたいという家族や親族はもういません。なにせ母屋や納屋などの建物だけで三〇〇坪、農地や屋敷林を含めると全部で九〇〇坪の広さです。放っておけば家屋は傷み、雑草も生えてきます。買い手も借り手も見つかりそうにない。建物を壊して更地にするにも相当な費用がかかります。行政へ相談に行っても、要領を得ない返事でした。悩んでいるうちに、さらに数年が経過しました。こうした使用者なき所有という問題状況は、坂木さんに限ったことではなく、全国の空き家問題に共通する悩みごとです。

一方その頃、私は前橋で地域活動と研究をしたいと思っていました。空き古民家の位置する前橋赤城南麓《なんろく》エリアは、イタリアで誕生したまちづくり運動「スローシティ」を取り入れた一画です。第2部で書いたように、私はイタリアのトリエステという人口二五万の地方都市で暮らしていたのですが、大都市ではなくとも、地元に幸せと誇りを感じて暮らしている数多くのイタリア人に出会いました。地域の個性と地球の有限性を調和させ、自分のまちらしい幸せを大事にするのがスローシティ運動だということを知り、大いに関心をもちました。調べると、宮城県気仙沼市と群馬県前橋市の二つが日本で認証を得たまちでした。縁あって前橋の大学で働くことになり、ぜひここで調査と地域活動をしたいと思ったのです。スローシティ運動の認知度は日本で高くないこともあり、学生と何かできたらよいなと考えました。ただし、地域になんのつてもなかったので、何もできない状態が何年か続きました。

坂木さんと私をつないでくれたのが、地域で移住相談を担っていた久保田さん（仮名）でした。坂木さんの困りごとを耳にした久保田さんは、「昔ながらの古民家と農村の暮らしを大事にするなら、スローシティの考え方とも合っている」と考え、私と坂木さんを引き合わせてくれました。

爽やかな五月の昼過ぎのことです。私は授業の合間をぬって現地へ向かいました。単線のローカル電車の踏切を横切り、人影をほとんどみかけない商店街を抜けると、きれいに区画された田畑が広がり、目の前には雄大な赤城山が現れました。何度か確認の電話をして久保田さんに位置を教えてもらいながら、ようやく舗装されていない細い道を発見しました。中へゆっくり進むと、別世界に入り込んでいくような感覚に包まれました。すると高い杉の木に囲まれた二階建ての木造古民家が目の前に出現しました。ただし歴史文化財になるような古民家ではなく、実際に人が生活していた家屋でした。雨風の影響で窓ガラスが一部割れているなど、年月の経過も感じられました。

初対面した坂木さんは、明るく溌剌とした雰囲気の五〇歳代の女性でした。坂木さんの案内で母屋に入ると、土足で動き回ることのできるスペースがあり、炊事場と風呂場の跡がありました。居間にはコタツが置いてあり、昔のカレンダーやポスターがそのまま貼られています。雨漏りや埃も感じます。二階へ通じる急階段を上ると、養蚕の道具が置いてありました。北関東の典型的な養蚕農家の名残がありました。

私はどこかで「ポツンと一軒家」を想像していましたが、実際には家屋だけではなく、周囲に広がる畑や雑木林を含めたすべてが意味ある全体を成す「小宇宙」でした。母屋の裏口には井戸があり、その奥には竹林と雑木林が茂っています。日当たりのいい南側にはビニールハウスの痕跡と休耕地がありました。あぜ道には栗の木やお茶の木がありました。一家が一年を通じて自給していけるほどの「豊かな」生活があったのです。古いものに新たな価値を見出して農村を再生させたイタリアのスローシティ運動と似ているかもしれないと、なんだかワクワクしてきました。

教室での学びと地域での学び

こうして二〇二一年六月から地域活動は本格的にスタートしました。坂木さん家族と私のゼミの学生一二名で空き古民家の利活用を考えることになりました。新型コロナウイルス感染症の流行がまだ続いていたので、感染対策に注意しながら、まずはできることから始めました。教室から地域に活動の場が移り、知識の取得というより体験的な学びへ重心が移るにつれて、私の仕事や役割も大いに変化していきました。これまで教室で培ったノウハウが通用しない事態にいくつも直面しました。

第一に時間割と教室の有無です。小中高校と同じように大学にも時間割があります。時間・空間を固定した教室の中で予定された授業の内容を教授します。出欠管理も明確です。授業が終われば、教員も学生も自由になります。しかし地域活動に時間割はありません。もちろん計画を立てますが、予定変更や急な決定は日常茶飯事です。早朝や夜中や休日にLINEのメッセージが飛び交うこともよくあります。地域活動の現場は坂木さんの古民家ですが、敷地の畑や山林、近くの公民館へと活動範囲は切れ目なく広がっていきます。参加者の名簿は一応ありますが、出欠管理はあまり意味をなしません。メンバーではないのに熱心に出席する人がいれば、名簿に名前があるだけであまり顔を出さない人もいます。時間割と教室で自己完結する学びとまったく異なり、地域活動は時間と空間の切れ目があいまいなため、学びの可能性が広がっていくこともあれば、活動の収拾がつかなくなるあやうさが常にありました。

第二に立場と役割の逆転です。教室に入れば、教員と学生の関係は「教える側－教わる側」に明確に分かれます。このとき教員は学生より強い立場にいます。教員は常に教える側であり、その立場が逆転することはありません。しかし地域の現場では、様々なスキルや経験が求められます。火起こしが上手な学生、写真や動画を撮るのが得意な学生など、普段の教室では披露する機会のないその人の持ち味が活きます。そのような時は学生が「教える立場」で、教員は「教わる立場」に逆転します。また地域の人びとが「先生」

になることもしばしばです。教室では安定していた立場と役割が地域ではしばしば入れ替わるのです。

第三に、参加の自発性と自由です。教室で学生に何かを行わせる場合、たとえ本人の気が進まなくても、教員の意向に沿う方向に強制力が働きます。しかし地域活動への参加を学生に強制することはできません。「その日は予定が入っています」と言われたら、私は「それでは仕方ないですね」という他ありません。最終的には学生が地域活動に参加するかどうかを選択する自由を握っているのです。私としては自発的に参加する学生を一人でも増やしたいと思っていますが、簡単にはいきません。たいていはよく参加する人としない人に分かれていきます。それが学生間でも不和や不満の原因になります。

最後に、地域の人びとと学生の関係です。この章の最初に「学生の扱いは難しい」と吐露した人の声を紹介しましたが、関わった多くの地域の人びとが同じようなモヤモヤを抱えていました。学生たちと何かをいっしょにするのは楽しいし、彼らには成長してほしいけれども、いつまで待っても連絡が来なかったかと思えば、いきなり無理なお願いを頼まれたりします。どこまで任せてよいのか、どこまでアドバイスしてよいのか、学生たちに気を遣いながら距離感を測っていたのでした。

学生と地域の人びととのコミュケーションを円滑に調整することが、私の任務の一つだと次第に自覚するようになりました。第1部で論じたように、学生を国内外の地域フィールドに短期間、連れ出した経験はありました。また第2部で書いたように、単身でフィールドワークをしたり、大学のプロの研究者と地域を共同調査したことは何度もありました。しかし、調査・教育・地域活動の三つの現場をつなげる役回りを担うのは今回が初めてでした。「楽しい!」と「しんどい」のはざまで右往左往しながら、対話的な地域コミュニティとはどのようなもので、どうつくられるのかを、現場から学ぶことになったのです。

教室での提案から現場での体験へ

学生たちは空き古民家を使って何をしたいかをグループで話し合いました。数カ月の準備を経て、古民家活用案を地域の人びとに発表しました。「古民家にキャンドルをつける」「ちっちゃな公園をつくる」「コロナ禍で活動ができない中高生の文化部に発表の機会を提供する」などいろいろなアイデアが披露されました。

報告会に集まった人びとは、坂木さん、久保田さん、林業のプロ、チェーンソーアーティスト、市役所の観光政策課の職員、都内でケータリングサービスを展開する会社の代表取締役という錚々たる面々でした。「なんのためにやるの?」「公園は面白いアイデアだけど、子ども向けの活動は安全面を考慮しなければ」「活動は持続できますか。収益も考えたほうがいいのでは」「学生はお金はないけど、時間やアイデアはたくさんあるはず。もっと尖ったアイデアを考えてほしい」「「地域の人に提案します」ではなく「いっしょにやってみたい」のほうがいいのでは」。地域の人びとから本気の返答が飛ぶたびに、学生たちの表情はくもっていきました。

結局、学生の提案はすべて不採用になりました。ただし「体験」がキーワードであり、「食」に関することは実現できそうだということになりました。「地域の人に何かをお披露目する前に、まず体験したらどう?」という坂木さんの提案で、食にまつわる家庭の年中行事を再現してみることになりました。地域の人びともコメントをして終わりではなく、現場で活動を共にしてくれました。

まず取り組んだのが「地元食の体験会」でした。空き古民家の敷地で採れた栗を剝き、かまどで火を焚いて栗おこわを作るなど、坂木さん一家が子どもの頃に行っていた行事と食事をみんなで再現しました。スローフードやスローシティとわざわざいわなくても、食のまちづくり運動が大切にしている「共食《きょうしょく》(convivium)」を体験していたのでした。

次第に学生と地域の関わりが一回限りのものではなくなってきました。坂木さんは「新しい娘や息子ができたみたいでうれしい!」と学生たちを歓迎してくれました。一年が経過した頃、「畑もやろうよ!」という坂木さんの提案で、休耕地を再生させることになりました。畑作業は坂木さんも私も学生もほぼ初めてです。事前に畝づくりをYouTubeで予習し、地域の農家に協力を得ながら、見よう見まねで作業開始です。「この作業が終わったら甘いものでも食べて休憩しよう」「収穫できたらこんなふうにして食べたいね」などとおしゃべりしながらの畑作業は楽しいものです。

参加する学生数も増えていきました。学生サークルのようなグループを立ち上げ、参加学生は二〇名ほどになりました。インスタグラムのアカウントと公式ホームページをつくり、地域活動の様子を発信していきました。

連絡の取り方や集まり方も次第に定まってきました。毎月一度、大学や公民館で定例会を開催し、学生と地域の人びとが同席して打ち合わせをします。普段の連絡には、LINEが重宝しました。畑仕事の報告、次の体験会の連絡、草取りのシフトの相談、収穫した野菜を調理した自慢の一品の写真など、いろいろなやりとりがほぼ毎日とびかいます。

地域内外の多様なメンバーが「自分事」として参加するには、対話的なコミュニケーションそれ自体が重要であることを痛感しました。というのも、この活動は地縁や血縁のようなつながりがあるわけでも、明確なテーマやビジョンをもつ組織でもないからです。会社のように損得勘定や上下関係があるわけではなく、お互いに仕事や学業や家庭をもちながら手弁当で地域活動に参加しています。人びとをつなぎとめるものは日々の対話的なコミュニケーションしかないのです。「報告・連絡・相談が大事」と言ってしまえばそれだけのことですが、対面とSNSでの意思と感情のキャッチボールのなかで、地域の人びと・学生・私はお互いを理解したり、状況を認識したり、楽しんだりします。その一方で、誤解したり、理解できなかったり、不満に思ったりも当然あります。そのなかでどれくらいの熱量で参加するかを、日々の生活のやりくりのなかで決めているのでした。一人ひとりのそうした選択が活動全体の浮沈に微妙に、時には大きく影響しました。

「ウッドベンチを一から作る」というプロジェクト

探検家の関野吉晴さんの取り組みを追った『カレーライスを一から作る』という映画と書籍があります。当たり前のように食べているカレーライスの食材と道具を一から作るという驚くべき企画です。当初は一五〇名も集まった希望者が次第に減り、畑の草取りには二名しか来ないなど、リアルな奮闘の記録がつづられています。

同じような挑戦として私たちが取り組んだのが「ウッドベンチを一から作る」でした。坂木さんの古民家の屋敷林から樹齢七〇年を超える杉の大木を伐採し、大人二人が座れる長さのベンチを原材料から三〇脚作るというプロジェクトです。ふだん何気なく座っている椅子がどのようにして作られるのかを体験的に学ぶ絶好の機会です。さらに私たちにとっては初めての収益事業でした。

できることは自分たちで、できないことは地域のプロや協力者の力を借りることにしました。製作工程を書き出すと、ウッドベンチ作りにいかに多くの人力と手間がかかっているかがわかります。まずビル七階建ての高さの木を伐採（林業のプロに依頼）し、木材を適切な長さに玉切り（チェーンソー使用必須なのでプロにお願い）した後、搬出（とても重いので複数人または機材使用）を行い、木の皮剝ぎ（ようやく学生や私のような素人でも可能な作業）をします。そして丸太を半月切り（プロの仕事）してもらい、長さ一五〇cm・高さ四四cmのベンチを三〇脚製造（林業講習を受けた地域おこし協力隊員が奮闘）します。最後はきれいにやすり掛け（学生と地域メンバーが奮闘）して、サイズの微調整（林業セミプロに依頼）と団体ロゴの焼き印（緊張しながら学生と地域メンバーで作業）を施し、納品先まで運搬（一〇人以上で積載し三台のトラックで搬出）するという工程です。これらをわずか一カ月半でやり遂げなくてはなりませんでした。

納期が迫るなか、学生も地域の人びとも私も授業や仕事の合間をぬって時間を捻出し、木くずまみれになりながら作業しました。完成した三〇脚の木製ベンチを前に、私たちは達成感と満身創痍が入り混じった状態でした。

納品から数週間後、私たちは振り返りの機会を設けることを提案しました。「ウッドベンチを一から作る」という任務と責務（ムヌス）にいっしょに取り組む（コム）過程をそれぞれのメンバーがどのように見ていたのか。率直に意見を交わしました。

木からベンチを作る話を提案したのは久保田さんでした。きっかけは、市内に新しく建設される道の駅でした。「道の駅をつくったはいいけれども、全国的に負の遺産になっていく現状があるんさ。どうしたらそうならないか、市や地域の住民組織で何度も話し合った。そいで道の駅を「終着駅」じゃなくて、地域の「中間駅」にしようということに決まったんさ。地域のゴールの一つがこの古民家再生の現場だと考えたんだ」と久保田さんは説明します。久保田さんは自ら木製ベンチを作った経験がありました。市と地域住民組織の話し合いのなかで、坂木さんの古民家の敷地に生えている木を使って木製ベンチを作るアイデアが生まれました。坂木さんにとっては屋敷林をきれいにできるよいチャンスです。地元の林業には仕事が生まれます。地域おこし協力隊員のスキルアップにもなります。学生たちには地域の課題解決に貢献できるよい機会です。地域と学生が協力して作った木製ベンチが道の駅に設置されるというストーリーも魅力的です。ところが最大の問題は納期の短さでした。当初は六カ月だった納期が、いつしか一カ月半になったのです。「急遽開催が決まった市主催のイベントにウッドベンチを出品しよう」というのです。

これを林業のプロはどう見ていたのでしょうか。「普通はこのような短い納期と少ない注文量では受注しないんですよ。伐採したばかりの生木は水分を含んでいて重たいので、時間をかけて乾燥させる必要があるんです。それに三〇脚を五〇万円で受注するのは、事業としては少なすぎる額です。だけど今回は収益事業ではなくて、地域貢献が目的だと理解していました。だから私はこの事業に賛同したんです」。

事業の急展開に坂木さん一家も学生も私も苦労しました。「玉切り」「皮剝ぎ」「グラインダー」など、普段は耳にしない言葉が現場で飛び交います。限られた時間で初めての作業を行わなければなりません。林業は産業の中で最も労働災害が多いので、安全性にも注意が必要です。作業の予定が急に決まることも多く、参加者集めやシフトの組み直しも一苦労です。参加する人としない（できない）人の間で熱量に差が出てきました。「自腹で交通費を払って現場に来て、やり方がよくわからないハードな肉体作業を行わないとならない」「「楽しい」だけじゃやっていられないんだと思った」といった声が学生から上がります。一方で参加率の高かった上級生からは「今まで地域の方々にはお世話になってきた。地域から必要とされたんだから、よくわからなくても参加するのは当然だと思ってやってきた」「私たちにできることが少なすぎて悔しかった。もっと準備できる時間があれば、貢献できたかもしれないのに」。地域から必要とされた任務と責務（ムヌス）を学生たちなりに共有しようと試行錯誤してました。

私は学生の思いと地域の必要を十分に橋渡しできていなかったと痛感しました。久保田さんの概要説明や林業のプロの実情を、もっと早くみんなに共有できれば違っていたかもしれません。「農作業をいっしょにやりながら、みんなでカレーを作って食べられるから入ったのに、ベンチを作るなんて聞いていない」という学生の声も後で耳にしました。なんのためにベンチを作っているのかを理解できないまま作業していた学生たちの苦労も想像できました。

私個人としては、ベンチ作りは新鮮な体験であり、楽しさと充実感がありました。その一方で、学生と地域の人びとをつなげる事務局的な役回りは想像以上に大変でした。平日も休日も昼夜も問わない連絡と予定調整への対応で消耗し、「なんでこんな仕事まで私がやらないといけないんだろう」と思うことも正直ありました。しかしそのような時に思い出すのが、大学生の頃に地域に最初に誘ってくれた恩師と仰ぐ先生の言葉でした。「「調査をします」といって地域を「つまみ食い」したり、「いいとこどり」してはいけません。地域に関わるなら、五年、一〇年腰を据える覚悟でやりなさい」。コミュニティの「務め（ムヌス）」を共有するとはこういうことなのかと、先生の言葉を少し理解できた瞬間でした。

苦労した分、得たものも大きかったです。この章の扉の写真に収められているように、古民家の食イベントでは、近所のおばあちゃんやゲストが試作品のウッドベンチに腰をかけています。その姿を見て学生たちは「みてみて！　私が作ったベンチに座ってくれている！」とうれしそうに言います。市主催のイベントでもベンチは好評でした。「まちなかに〝森〟がやって来た！」「木くずや余ったつるを活用してかわいいリースや小物が作れそう」といった声が聞かれました。しかし課題も見えてきました。「今度は口約束ではなく、依頼書を作成して、スケジュールや内容を協議して進めましょう」「安全面を考慮した講習会を行うべき」というように、今後に向けた対策も確認し合いました。

対話的な地域コミュニティに向けて

地域の人びとと学生が地域コミュニティの任務や責務をどう分かち合い、成果をかたちにできるのか。「ウッドベンチを一から作るプロジェクト」は、対話的な地域コミュニティづくりの生きた学びの実験場でした。普段は消費者の側にいて、生産者の側に立つことはなかった学生にとっては、新たな学びの連続でした。一方で、自然を生業にしてきた地域のプロにとって、自分の慣れた実践知を若者に教えるには「学びほぐし」が必要になりました。地域と学生をつなげる務めを担った私は、様々な立場の人びとを対等な関係で結びつける役目の大切さに気づかされました。

こうした学びを深めていくと、次のような一般的な問いに突き当たります。参加も脱退も自由な人びとの関係をつなぎとめるものは地域コミュニティにあるのか、という問いです。この章で取り上げた学びから答えれば、それは同じ時を共有しながら地域の「務め」（ムヌス）を果たす過程で生まれる互酬関係（お互い様の関係）の回復ではないかと思います。空き古民家を両親から与えられた坂木さんは、古民家の利活用という機会を学生たちに贈与しました。学生たちはそれを受け取り、利活用に資する務めを返礼の義務として果たしていきます。そうして「地域の人にお世話になった」という学生の実感や、「学生たちの挑戦と成長に付き合ってあげよう」という地域の人びとの関わりができていきます。これらの互酬関係は、服従―保護の権力関係でなければ（嫌になれば脱退や不参加がいつでも可能）、貨幣交換でもなく（謝礼やアルバイト代の支払いはなくてすべて手弁当）、与え、受け取り、返礼するという、贈与と返礼の交換です。

しかしこの関係は長くは続きません。ウッドベンチ作りで不参加者が続出し、不満が噴出したように、地域の「務め」を「自分事」にできなければ、互酬関係はやがて停滞します。そこでもう一つの問いが浮かびます。参加も脱退も自由な人びとが地域コミュニティの「務め」を共有し続けるには何が必要か、です。地域と学生の調整役に苦心しながらこの問いへの回答を探していた私にとって、大学の恩師の盟友だったイタリアの社会学者アルベルト・メルッチの洞察が導きの糸になりました。メルッチは、多様な人びとが社会運動に身を投じる際に、「私たち」という一体感が生まれる過程を「集合的アイデンティティ」と呼びました。そして三つのポイントを示しました（Alberto Melucci, *Challenging Codes*, Oxford University Press, 1996, pp.70-71）。

まずは、何を目指すのか、どのように行うのか、それにどのような意味があるのか、をメンバー間で共有する過程です。「目的・手段・限界の認知的定義の共有」とメルッチは呼びました。家が近いわけでも、血縁があるわけでも、潤沢な助成金があるわけでも、テーマやビジョンが明確にあるわけでもないゆるやかな集まりです。とはいえSNSだけのバーチャルなコミュニティでもありません。空き古民家と敷地をどうにかしようと現場に集まり、畑や林で虫に刺されながら作業し、定期・不定期に顔と顔を突き合わせる直接体験があります。リアルとデジタルの両方の空間で、多種多様な人びとが活動過程をどれくらい共有できるのかが常に問われることになります。

第二に、感情レベルの対話の重要性です。「情動の投資」とメルッチが名づけた過程になります。学生であれ地域の人びとであれ、それを仲介する私であれ、お互いに何に喜んだり、イライラしたり、哀しんだり、楽しいと感じているのかを意識的に共有することです。ウッドベンチ作りでは、立場も年齢も違う相手の感情を理解し合うのは簡単ではありませんでした。かつての地域共同体のような「あうんの呼吸」など期待できません。目の前の相手だけでなく、自分自身の感情に対してもふたをしてしまい、きちんと向き合う余裕がなかったこともありました。メンバー間の水平的な感情の対話と、自分自身との垂直的な感情の対話が不可欠になります。

最後に、参加者のコミュニケーションそのものが続いていくためのネットワークづくりとその維持です。メルッチは「ネットワーク活性化のたえざる過程」と呼びました。これはリアルとデジタルの両方で言えます。熱心に参加する人がいれば、そうでない人もいます。参加していた人が様々な事情で来られなくなることもあれば、これまで参加していなかった人が活躍する場面も生まれます。強い人間関係は団結力を発揮する反面、そうでない人びとを寄せ付けない閉鎖性も併せもちます。他方で、弱いつながりは思いもよらない情報交換や出会いの創出に長けていますが、ウッドベンチや畑作業のように、時には無理な献身が必要なプロジェクトを実現するには弱すぎます。

この複雑なネットワークの外部に立って、冷静につながりを設計するコミュニティデザイナーなどはいません。学生も地域の人びとも私も、自分たちがつくりだしたネットワークの中で、時に翻弄されながらもこのつながりを活用し、悩みながらも楽しみ、偉いデザイナーでも指示待ち人間でもなく、いっしょに畑で汗を流しながら、新たな変化をもたらすアクターとして存在しているのです。

おわりに

フィールドワークやエスノグラフィーの優れた入門書がたくさん出されるなかで、本書の特徴は何か。一言でいえば、それは現場に関わる「わたし」と「あなた」の実存がふれあい（時には対決し）、相互変容していく、そのプロセスを丁寧に記述した点にあると思います。その意味では、質的研究に興味のある学生だけでなく、アクティブラーニング型の授業をどう展開していけばよいかにモヤモヤしている院生や若手研究者にも、一つのヒントを指し示すことができれば、と思っております。

以下では、この本が生まれるプロセスを振り返ってみたいと思います。

この旅の始まりは、二〇一六年の秋にまで遡ります。国の競争的資金（科研費）を獲得するための申請書を書く段階で、私ひとりで新たな「旅」に出ることに、躊躇していました。それまでの私は一匹狼で、ひとりで研究し文章を発表することが基本でした。ただ、四〇歳を過ぎたあたりの私は、同じことの繰り返しではなく変化を求めて、適度に異なるアプローチを模索していました。その際、イタリアの精神医療改革に関する優れた翻訳も出され、地域社会学者として誠実な研究をしておられた鈴木鉄忠さんと、大学院の後輩で人道支援や被災地支援を通じて女子教育の重要性を説き続けてきた高橋真央さんのお顔がパッと浮かびました。

そこで、申請書の学内〆切二〇日前に研究チームへの参加をお二人に打診したところ、トントン拍子で申請書も作成でき、二〇一七年四月からの三年間の研究費が採択されました。それが『生成的対話に基づくコミュニティエンパワメントに関する基盤的研究』(基盤研究C 17K04268)というプロジェクトです。

この研究プロジェクトの中では、私たち三人のチームによる生成的対話を大切にしてきました。研究フィールドも学問領域も違う三人が、何を大切にして、どのようにフィールドと関わってきたのか。それらを深掘りして語り合い、聞き合いながら、鈴木さんのフィールドであるイタリアや高橋さんのフィールドである東北の被災地、そして私のフィールドである福祉現場におけるコミュニティエンパワメントとは何かを議論し続けてきました。

研究プロジェクトを続けるなかでも、大きな変化が生まれました。私は二〇一七年に子どもが生まれ、家事育児に必死になり、フィールド調査はとてもできない状態になりました。二〇一八年に勤務先が甲府から姫路に移ったこともあり、フィールドとの付き合いも一度リセットされています。鈴木さんは二〇一八年に前橋で常勤職を得て、東京との二拠点生活が始まり、高橋さんは勤務先で管理職業務に忙殺され、ストレスや負荷が増大していきました。三人の実存にも大きな変化や危機が訪れた時期だといえます。

そのなかでも、この研究プロジェクトでは、三人による「水平の対話」と「垂直の対話」を繰り返していきました。その場で三人が議論を重ねる「水平の対話」をしながら、自らの経験や実存を反省的に振り返る「垂直の対話」を生み出し、それを繰り返すプロセス。そのなかから、共有する価値前提が少しずつ生み出されていきました。

そして、反抑圧的実践（Anti-oppressive Practice：AOP）やアクターネットワーク理論など三人が共有できる理論や視座と出会ったことにより、さらにもう三年、研究班を続けることになりました。それが二〇二〇年四月からスタートした『反抑圧的で対等な場づくり・地域づくりに向けた支援者変容の可能性』研究班（基盤研究C　20K02239）です。そこではお互いのフィールドを訪問しながら、対等な場づくり・地域づくりの有り様を現地で議論しようと意気込んでいました。しかし……。

ご承知のように、新型コロナウイルス感染症（COVID-19）が猛威を振るうなか、フィールドワークどころか、対面授業すらままならない状況に陥りました。私たち三人は月に一度のZoom研究会の中で、授業での模索や試行錯誤も共有し続けました。そのプロセスは、「はじめに」で鈴木さんが書かれた「他者とともに学ぶ方法」を体現したようなものでした。学生たちという「あなた」と共に、オンライン講義という誰もやったことがないことを「わたし」は行う。そのなかで、「あなた」と「わたし」は「生成変化」していく。そのことを体感したからこそ、今回の経験を書籍化する流れが生まれました。

書籍化プロジェクトにおいては、強力な助っ人が加わりました。それが編集者の向山夏奈さんです。彼女は私たちが書いた原稿を一つひとつ丹念に読み込み、第一読者として「問い」を投げかけてくださいます。その深い問いかけは、研究者三人だけで自閉しがちな議論をより多くの読者に開く契機をつくってくださいました。そして、二年以上かけて、このゲラを何度もなんどもチームで読み合い、議論し合い、書き直した末に、今回、読者の「あなた」に届ける一冊として仕上がりました。

本書を読まれた「あなた」が、ご自身の「フィールド」を見つけ（再発見し）、素敵な出会いや相互変容へとつながることを祈念して、本書を閉じさせていただきます。

二〇二四年十一月　竹端　寛

竹端　寛（たけばた・ひろし）
兵庫県立大学環境人間学部教授。専門は福祉社会学、社会福祉学。主著に『「当たり前」をひっくり返す：バザーリア・ニィリエ・フレイレが奏でた「革命」』（現代書館）、『ケアしケアされ、生きていく』（ちくまプリマー新書）など。

鈴木鉄忠（すずき・てつただ）
東洋大学国際学部教授。専門はイタリアと日本の地域比較、国境研究。単著に『「見知らぬ私の地元」の探求：前橋・赤城スローシティのフィールドワーク』（上毛新聞社）、共著に『人間と社会のうごきをとらえる　フィールドワーク入門』（ミネルヴァ書房）など。

高橋真央（たかはし・まお）
甲南女子大学国際学部教授。専門は、市民参加とボランティア、ＳＤＧｓ、国際教育協力（女子教育）。共著に『新ボランティア学のすすめ：支援する／されるフィールドで何を学ぶか』（昭和堂）など。

あなたとわたしのフィールドワーク
——関係性《かんけいせい》の変容《へんよう》から始《はじ》まる旅《たび》

二〇二四年十一月二十日　第一版第一刷発行

著　者　竹端　寛・鈴木鉄忠・高橋真央
発行者　菊地泰博
発行所　株式会社現代書館
東京都千代田区飯田橋三―二―五
郵便番号　102-0072
電　話　03（3221）1321
ＦＡＸ　03（3262）5906
振　替　00120-3-83725
組　版　デザイン・編集室エディット
編　集　向山夏奈
印刷所　平河工業社（本文）
東光印刷所（カバー）
製本所　鶴亀製本
装　幀　木下悠

校正協力・渡邉潤子

Printed in Japan ISBN978-4-7684-3605-9
定価はカバーに表示してあります。乱丁・落丁本はおとりかえいたします。
http://www.gendaishokan.co.jp/